LEVEN AAN HET HOF

Van Dorine Hermans en Daniela Hooghiemstra is eerder verschenen:

De schoonfamilie

Dorine Hermans

en

Daniela Hooghiemstra

'Vertel dit toch aan niemand'

LEVEN AAN HET HOF

MOURIA

Dit boek kwam tot stand met steun van het Fonds voor Bijzondere Journalistieke Projecten

Eerste druk april 2006
Tweede druk april 2006

Omslagontwerp: Zeno
© Auteurssfoto Jessica Hooghiemstra
Omslagillustratie: Gemeentearchief Zeist
Illustratie binnenkant omslag: *Inhuldiging van Wilhelmina, koningin der Nederlanden (1880-1962) in aanwezigheid van Emma, koningin der Nederlanden (1858-1934)* geschilderd door Nicolaas van der Waay in 1899, eigendom van de Stichting Historische Verzamelingen van het Huis Oranje-Nassau, Den Haag

ISBN 90 458 4862 7 / 9789045848624
NUR 320

www.mouria.nl

Voor onze vaders en moeders,
Charles Hermans en Marguerite van Waesberghe
en
Freddie Hooghiemstra en Famke van der Kooi

Inhoudsopgave

Dankwoord

Onze dank gaat uit naar archivaris Pierre Rhoen en zijn medewerkster Trudy Servaas van het Gemeentearchief in Zeist, zonder wie dit boek niet geschreven had kunnen worden. Genealoog Christoph E.G. ten Houte de Lange hielp ons de nazaten op te sporen van Henriëttes collega's en was een vraagbaak voor adelskwesties. Ook Vincent van der Burgh hielp ons met dit laatste.

Frits Abrahams, Ger Beukenkamp, Remco Meijer, Hans Jaap Oppenheim en Frans Rasker hebben het manuscript willen lezen en ons adviezen gegeven. Frederiek Weeda was een kritisch klankbord. Voor praktische steun zijn we dank verschuldigd aan Nicole van de Pol en Ino Wubben. Coen van Harten was een inspiratiebron. Onze echtgenoten, Bénédicte Ficq en Wijnand Stevens, hadden geduld met ons.

Wij danken de personen die ons te woord hebben willen staan: de nazaten van de hofadel en de bronnen rond het hof. Uit ons onderzoek hebben we onze eigen conclusies getrokken. De verantwoordelijkheid voor de inhoud van dit boek berust dan ook geheel bij ons.

Dorine Hermans
Daniela Hooghiemstra

Inleiding

Waarom valt een zaal vol pratende mensen stil zodra de koningin binnenkomt? Waarom zijn ministers bang voor de koningin, terwijl zij volgens de grondwet ondergeschikt aan hen is? Waarom behandelen dezelfde mensen die van roddels over de koningin genieten haar tegelijkertijd als God? En waarom worden de echte koninklijke schandalen meestal pas decennia na dato onthuld?

Vragen als deze intrigeerden ons.

Twee jaar geleden vonden we iemand die ons antwoorden gaf. In het Gemeentearchief in Zeist. Daar lagen de brieven die freule Henriëtte van de Poll, hofdame van koningin Emma, schreef aan haar familie.

Op 1 februari 1880 trad Henriëtte bij koningin Emma in dienst. Ze was toen zevenentwintig jaar oud. Ze bleef bij Emma tot die in 1934 overleed. Ze trouwde niet, of je zou haast zeggen: met niemand anders. Want haar verbondenheid met de koningin en regentes, met wie ze vierenvijftig jaar lang samenwoonde, leek net een huwelijk. Zij het een verstandshuwelijk.

Dankzij Henriëttes brieven konden we achterhalen wat de voorwaarden waren voor deze verbintenis. Waarom had Henriëtte zoveel voor de koningin over? De voorwaarden voor het 'verstandshuwelijk' werden bepaald in de eerste vijf jaar dat Henriëtte aan het hof was. In 1880 werd het 'huwelijk' gesloten, in 1885 gebeurde er iets in Henriëttes familie waardoor ze nooit meer van het hof zou scheiden.

Henriëtte schreef haar familie bijna dagelijks. Tot ze in 1946 stierf, produceerde ze duizenden brieven. Aan haar vader en haar broers en zusjes, maar vooral aan haar moeder. De eerste die iets uit deze (vaak moeilijk leesbare) brievenzee publiceerde, was ruim tien jaar geleden de auteur René Cleverens.[1] Zijn publicatie was een monnikenarbeid en voor het grote publiek weinig toegankelijk. In hun ruwe vorm doen de brieven van Henriëtte de lezer duizelen van de details. Maar door de vele huishoudelijke mededelingen heen zagen wij dat Henriëtte van de Poll een antwoord gaf op onze vraag: hoe werkt de verhouding tussen koning(in) en onderdaan?

Dus besloten we verder te zoeken in het omvangrijke archief van de familie Van de Poll. Daar zagen we dat vooral de brieven in Henriëttes eerste jaren aan het hof voor ons interessant waren. Als nieuweling schreef ze toen nog met de afstand van een journalist, maar zag ze tegelijkertijd alles wat er achter de schermen gebeurde. Ze was een geboren hoveling: gehoorzaam, strategisch en hiërarchisch ingesteld. Ze was zo goed in het zichzelf wegcijferen, dat kamerheer Pauw van Wieldrecht in zijn memoires over haar zelfs noteerde dat zij zichzelf niet zag als een persoon, maar 'slechts als eene hofdame'.[2] Maar hij kende haar brieven niet. Die tonen haar andere kant: eigenzinnig, geestig, gevoelig en soms ronduit gepassioneerd.

Henriëttes brieven tonen de spelregels die golden tussen de koning(in) en de omgeving. Zij laten zien hoe de absolute hiërarchie de koningin isoleerde. Dat Emma vriendschap zocht met haar hofdame, maar ondertussen wel altijd verwachtte dat zij haar bediende. Dat de koning zijn omgeving terroriseerde en niemand hem durfde te corrigeren. Dat de hoffunctionarissen zich aan strenge fatsoensregels hielden, terwijl de koning die zelf voortdurend overtrad. Maar ook dat de koning bang en onzeker was, omdat hij nooit wist wat mensen echt van hem dachten. Dat gevoelens altijd werden verdrongen ten gunste van iets anders: status. Dat de koning en de koningin elkaar niet konden vertrouwen omdat ze elkaar eigenlijk niet kenden. En dat het hofleven een permanent toneelspel was, dat pas ophield als iedereen 's avonds in bed lag.

De brieven laten zien wie deze voorstelling draaiende hielden: de hovelingen. Die stelden alles in het werk om de kwetsbaarheid van de koning(in) af te schermen van de buitenwereld. Eigenbelang stond daarbij voorop: hovelingen dankten hun voorkeurspositie immers aan de verhevenheid van de koning(in). Als de koning(in) door de mand viel als 'feilbaar', deed dat afbreuk aan hun eigen positie. De hovelingen hadden bijna alles voor de Oranjes over. Maar ze waren zelden eerlijk tegen hen. Henriëtte deed onderdanig tegen de koning, maar noemde hem in de brieven aan haar moeder 'precies een gek'. Ze deed zich voor als uiterst bescheiden, terwijl ze eigenlijk heel ambitieus was.

Over het effect van de troon op het persoonlijke leven van de huidige koninklijke familie is eigenlijk maar weinig bekend. Aan de ene kant draagt de familie herkenbare, burgerlijke normen en waarden uit, aan de andere kant begeeft diezelfde familie zich juist voortdurend buiten de gebaande paden. In de media ziet Nederland beelden van een onberispelijke majesteit en een voorbeeldig koninklijk gezin. Des te opmerkelijker is het als een rancuneus nichtje in de media zegt dat Nederland zich niet realiseert welke monsters er op en rond de troon zitten. Of als een prinsgemaal naast het koninklijke modelgezin nog twee gezinnen blijkt te hebben. De roddelbladen kloppen de schandalen op en het publiek wil daar alles van weten. Maar zodra de familie op een balkon staat om iets te vieren, juicht men weer voor het ideale plaatje.

In de negentiende eeuw ging het net zo. Het ideaal dat Emma, Willem III en de kleine Wilhelmina uitbeeldden, stond haaks op de excessen die aan het licht kwamen. Emma's stiefzoon weigerde haar te ontmoeten en haatte zijn eigen vader, de koning. Emma ging gebukt onder de terreur van haar eigen man, die alom werd beschouwd als een waanzinnige. Hoe viel dat te rijmen met de prentjes van het dolgelukkige koningsgezin die onder de bevolking werden verspreid?

De brieven van Henriëtte bieden houvast. Zij laten van binnenuit zien wat de troon doet met de mensen die erop zitten en degenen die eromheen staan. Door het dagelijkse leven in het paleis te beschrijven, maakt zij het koninklijke leven begrijpelijk. Ook dat van nu.

Van het huidige hof is een dergelijke analyse niet of nauwelijks te maken. Dat komt doordat de entourage van de koning(in) zich gebonden voelt aan een zwijgplicht, die belet over het hofleven te spreken. De werking van die zwijgplicht is door Henriëtte beschreven. Haast niemand is bereid om te praten over hoe het is om aan het hof te werken, of om bevriend, laat staan getrouwd te zijn met leden van het Koninklijk Huis. De gewoonste details worden bewaard als staatsgeheimen. Het is een vreemde mengeling van fatsoen, trots, angst en schaamte die de entourage van de koning(in) ervan weerhoudt om de relatie met de 'principaal' te ontleden. En zelf ervaren de leden van het Koninklijk Huis het als een inbreuk op hun privacy als over de spanning tussen persoon en functie wordt doorgevraagd. Voor hun positie is het van belang dat het mysterie in stand wordt gehouden.

Henriëtte helpt het 'mysterie' te ontleden, ook al zijn haar brieven ruim 120 jaar oud. De monarchie functioneert nog steeds volgens de negentiende-eeuwse formule van Thorbecke: de koning is als staatshoofd onschendbaar, de ministers zijn verantwoordelijk. Beatrix moderniseerde haar 'bedrijf', maar de basis blijft toch negentiende-eeuws. Dat betekent dat Henriëttes beschrijving van de relatie tussen koning(in) en onderdanen in theorie nog steeds actueel is. Dat de kenmerken van de toenmalige hofsamenleving nu nog steeds gelden. Dat koningin Beatrix en haar familie in zekere zin sociaal geïsoleerd zijn, omdat verder niemand op hun niveau staat. Dat hun status besmettelijk is. Dat wie in hun buurt is, automatisch een beetje van hun status krijgt. En dat hun omgeving hen, als exclusieve leveranciers van status, op een voetstuk houdt uit eigenbelang – om zelf status te krijgen.

Dit is moeilijk voor te stellen, omdat de leden van de koninklijke familie tegenwoordig zo geïntegreerd zijn in het gewone leven. Gewone banen hebben, gewone vrienden en gewone echtgenoten. Hoffunctionarissen zijn tegenwoordig gewone mensen, die een baan op een ministerie afwisselen met werken voor de koningin.

Maar toch heeft iedereen in de omgeving van de koningin nog steeds te maken met het eenrichtingsverkeer dat voor Henriëtte meer dan een eeuw geleden vanzelfsprekend was. Omdat een boven de partijen verheven, onschendbare koning(in) dat nu eenmaal ontketent. En omgekeerd heeft de koning(in) nog altijd te maken met de mensen die zich door dat eenrichtingsverkeer aangetrokken voelen. De tegenwoordige spelers op het hoftoneel moeten dus wel overeenkomsten vertonen met die van rond 1880. Om dit te toetsen, legden wij Henriëttes bevindingen voor aan personen rond het huidige hof. Die wilden bij hoge uitzondering en tegen alle regels in wel commentaar geven, zij het uiteraard anoniem.

Een voormalige hoffunctionaris heeft de brieven een 'aha-erlebnis' genoemd. 'Als je toetreedt tot de dienst Koninklijk Huis, in welke functie dan ook, word je bijzonder. Althans, zo ziet de buitenwereld het. Dat schept een onderlinge band. Je wordt lid van een soort geheim genootschap dat de schijn moet ophouden. De burgerlijke hofhouding van nu is net zo loyaal en dienstbaar als de adel toen. Men staat altijd klaar, cijfert zichzelf weg, slikt héél veel en zwijgt daarover. Vanaf het begin voelt het als een eer om bij de club te mogen horen. Je komt niet zomaar in dienst van de koningin. Wie niet gevoelig is voor die eer, komt niet aan het hof terecht.'

'Als hofhouding wil je eraan meewerken om het bijzonder te houden. Ook al merk je dat het eigenlijk gewone mensen zijn. Ze leven alleen bijzonder: in paleizen, met lakeien, chauffeurs, tuinlieden en andere bediendes, beveiligers, paarden, een autopark en vliegtuigen. En natuurlijk het volk, dat hen als bijzonder ziet. Dat maakt hen bijzonder. Dat iedereen, van hoog tot laag, hen benadert met ontzag en zich bij een ontmoeting niet op zijn gemak voelt.'

Ook andere bronnen bevestigen dat de verheven positie van de koninklijke familie altijd merkbaar is. Als op een studentenfeestje een prins binnenkomt, verandert meteen de sfeer. Willem-Alexander was in Leiden zogenaamd een 'gewone' student, maar zijn omgeving moest zich ondertussen wel aan de koninklijke mores houden: zwijgen tegenover de buitenwereld over zijn doen en laten. De familie heeft grote sociale macht en weet deze goed te gebruiken. Maar zij raakt erdoor geïsoleerd, omdat contacten niet gelijkwaardig zijn. Precies zoals vroeger is er ook nu een beschermende laag van loyale en zwijgzame vrienden rond de familie, die er alles aan doen om de 'principaal' hoog te houden. Zij zorgen ervoor dat de schandalen geheim blijven. Die vrienden hebben ons uitgelegd dat er voor velen niets ergers bestaat dan de ultieme sanctie van de koningin: niet meer uitgenodigd worden.

Wij zijn ons ervan bewust dat anonieme bronnen geen overtuigend bewijs vormen. Maar alle bronnen vertelden hetzelfde verhaal. En de omschrijvingen van het moderne hofleven sluiten zo naadloos aan bij wat Henriëtte van de Poll destijds wél met naam en toenaam vertelde, dat we besloten om de gesprekken in het tweede deel van dit boek toch weer te geven.

Henriëttes brieven beschrijven niet alleen het leven in het paleis. Ze vertellen ook een persoonlijk drama. Dankzij de memoires van haar vader en de vele andere documenten in het familiearchief van de Van de Pollen konden we haar drijfveren bestuderen. Haar vader was teleurgesteld in zichzelf omdat hij de verwachtingen van zijn eigen vader, de regent Fredrik van de Poll die onder meer burgemeester van Amsterdam was, niet wist waar te maken. Als eenvoudige belastingontvanger hoopte hij dat zijn kinderen goed zouden maken wat in de tweede helft van de negentiende eeuw met hem verkeerd was gegaan.

De nieuwe liberale grondwet, die de koning in Nederland in 1848 zijn politieke macht ontnam, nam de oranjegezinde regentenfamilie Van de Poll de wind uit de zeilen. Henriëttes vader was bovendien beter in tekenen en musiceren dan in carrière maken. Toen Henriëtte de kans kreeg om hofdame te worden, greep zij die met beide handen aan. Het was dé manier om haar familie weer maatschappelijk op de kaart te zetten. De koning was zijn politieke macht weliswaar kwijt, maar hij had zijn status behouden. Henriëtte had voor die status veel over. Maar naarmate ze aan het hof meer thuis was, kreeg ze meer de neiging om het belang ervan te relativeren. En om haar eigen weg te zoeken, eventueel los van het hof.

Een dramatische familiegebeurtenis maakte in 1885 een einde aan deze 'Praagse lente'. Ze bleef uiteindelijk bij Emma tot de koningin stierf. Haar brieven gingen steeds minder over haar, en steeds meer over het leven van anderen. Ze maakte de dood van Willem III mee, het huwelijk van Wilhelmina en de geboorte van Juliana. Ze stond bij de levens van de Oranjes en keek ernaar, terwijl ze zich tevredenstelde met een klein leven voor zichzelf. Dienend. Zonder eigen echtgenoot, zonder eigen kinderen.

Henriëttes brieven zijn nu nog haar enige sporen. Haar familie stierf met de dood van haar jongste zuster in 1972 uit. Niet alleen Henriëttes eigen wereld is verdwenen, maar ook die van haar stand. Voor de poort van het hof hing in de negentiende eeuw een onzichtbaar bordje waar ALLEEN VOOR LEDEN op stond. En die leden, die waren van adel. De adel was door de Oranjes na hun troonsbestijging in 1813 grotendeels zelf gecreëerd en afhankelijk en loyaal als een eigen kind. Maar in de twintigste eeuw heeft het koningshuis dit 'kind' de rug toegekeerd en zijn heil gezocht bij 'burgers'.

Wat vindt de adel tegenwoordig van haar opvolgers in het paleis, het 'Burgerlijk Huis' van Oranje? Om het verhaal van Henriëtte compleet te maken, stelden wij die vraag aan de nazaten van haar collega's, de hofadel. Het onderwerp bleek gevoelig te liggen. Een baron liet zich met overslaande stem ontvallen: 'Zo'n Mabel en Laurentien die zich prinses noemen, ik kijk op ze néér.'

De nazaten van de oude hofadel betwijfelden of het de Oranjes gaat lukken om te overleven zónder de steun van de adel. Of een 'Burgerlijk Huis van Oranje' nog wel geloofwaardig is. 'Het is een poppenkast geworden,' zei een van hen, 'we gaan toe naar een republiek.'

Maar dat is de vraag. Want als de brieven van Henriëtte ons iets hebben geleerd, dan is het wel dat de beschermende laag rond de koning(in) dynamisch genoeg is om zichzelf te vormen en zichzelf in stand te houden. Hofcultuur is universeel, van alle tijden en van alle soorten mensen. Zolang de Oranjes zelf boven in de piramide willen blijven zitten, zal er een omgeving zijn die de taak op zich neemt om hen te beschermen. De naaste omgeving houdt het koningschap mysterieus, terwijl zij daarmee ondertussen zelf status verwerft. Zolang de overige Nederlanders gefascineerd blijven door dat 'mysterie', vormen zij graag de basis van de piramide.

Dit boek bestaat uit twee delen. Het eerste deel vertelt het verhaal van hofdame Henriëtte van de Poll. In het tweede deel beschrijven we hoe de cast aan het hof is veranderd, maar het spel hetzelfde is gebleven. De nazaten van de hofadel vertellen hoe in Nederland de standenmaatschappij is afgebroken, maar het Koninklijk Huis overeind is gebleven. En personeel, vrienden en kennissen vertellen hoe de koninklijke familie tegenwoordig omgaat met haar onderdanen.

DEEL EEN

1 *Hofdame Henriëtte*

Henriëtte van de Poll werd op de ochtend van 1 februari 1880 wakker in een vreemd bed. Ze had afscheid genomen van haar vader en moeder en haar broers en zusjes. Het was alsof ze ging trouwen. Maar anders dan een bruid ging ze geen eigen bestaan opbouwen. Ze ging haar eigen bestaan juist opgeven. En anders dan een bruid ging ze zich niet verbinden aan een echtgenoot, maar aan een echtpaar: koning Willem III en zijn echtgenote, koningin Emma.

Henriëtte werd hofdame.

DE 'PRESENTATIE'

De nette slaapkamer waarin zij zich aankleedde, was de vorige dag in orde gemaakt door de grootmeesteres van de koningin, Leopoldina barones van Hogendorp. Henriëtte logeerde bij haar in Den Haag, zodat ze die ochtend op tijd op paleis Noordeinde zou zijn om te worden voorgesteld aan Willem III.

Om kwart voor tien leverde mevrouw Van Hogendorp Henriëtte af bij de paleispoort. Samen met de andere hofdame in spe, Elise barones van Ittersum, die even nerveus was als Henriëtte. Een lakei bracht de twee naar de blauwe voorkamer van het paleis. Ze moesten gaan zitten op een elegant bankje. Het wachten was op de komst van de koning en de koningin der Nederlanden.

Het was nog niet eens twee maanden geleden dat Henriëttes neef Joan Roëll en diens vrouw Eritia Roëll-de Beaufort bij haar in Zeist op de stoep hadden gestaan. Henriëtte woonde toen nog gewoon thuis bij haar vader en moeder. Terwijl Eritia na binnenkomst haar moeder even apart nam, was Joan met haar vader een sigaar gaan roken. 'Och oom, ik kan het u toch ook wel zeggen,' had Joan tegen haar vader gezegd terwijl hij zijn rook uitblies. 'Eritia moet vragen of Henriëtte hofdame wil worden van koningin Emma.' Toen Joan en haar vader uit de herenkamer kwamen, had Henriëtte meteen gezien dat er iets bijzonders aan de hand was. Haar vader glunderde zo dat hij bijna licht gaf. De Roëlls hadden hem zojuist verlost van een lang dreigend onheil: het maatschappelijk afglijden van zijn tak van het regentengeslacht Van de Poll.

Of Henriëtte er zelf iets voor voelde om hofdame te worden deed niet ter zake. Ook al was ze zevenentwintig jaar oud, het verzoek was toch in de eerste plaats een zaak voor haar ouders. Voor negentiende-eeuwers waren families belangrijker dan personen. Kinderen bouwden mee aan het grote familiestandbeeld, waaraan hun voorouders waren begonnen en dat door het nageslacht moest worden afgemaakt. Het idee dat je zelf iets zou kunnen willen, had nog niet postgevat.

De familie Van de Poll had sinds de zestiende eeuw bijna uitsluitend bestuurders en burgemeesters voortgebracht,[1] maar tot zijn spijt was Fredrik Harman maar een schriel twijgje aan die imposante familiestamboom. Joost van den Vondel had lofdichten gemaakt op voorvader Harmen Gijsbertsz van de Poll (1559-1645), lid van de vroedschap in Amsterdam:

Hier sluit de zerk den mond
die voor de vrijheid dong
en vijlde nooit zijn tong
toen 't weiflen veilig stond.

De Raad, het Weesboek, 't Recht,
elk tuigt hoe Poll zich droeg
gemeenzaam en oprecht
hij storf dus oud te vroeg.

Maar bij Fredrik Harman was de glorie gestokt. Een universitaire studie kon hij niet aan. Examens maakten hem zo zenuwziek dat hij er dagenlang niet van kon eten of slapen. Voor de handel was hij niet zakelijk genoeg, voor het leger niet dapper genoeg – al was hij dol op marsmuziek. 'Ja, onmogelijk is het mij op mijn stoel te blijven zitten wanneer ik een trom hoor,' schreef hij in zijn memoires.[2] Maar muziek- en tekentalent hielpen niet bij een maatschappelijke carrière.

Voor een Van de Poll schopte Fredrik Harman het niet ver. Hij werd een heel gewone belastingontvanger. Zijn dochter Henriëtte kreeg de kans om zijn tekortkomingen goed te maken. Met haar eervolle benoeming aan het hof zou het hele gezin Van de Poll terugkeren naar de sociale top, waar het volgens Fredrik Harman hoorde.

De spanning steeg in de blauwe voorkamer, waar Henriëtte en Elise wachtten op de koning. Hij kwam maar niet.

Henriëtte kende de praatjes die over hem de ronde deden, al wilde ze die niet geloven. Hij zou zich van niemand iets aantrekken en vreselijk onbeleefd zijn. Zijn onbeheerste scheldpartijen hadden hem in republikeinse kring zelfs de bijnaam 'koning Gorilla' opgeleverd. Ook dichter bij huis was hij niet populair. Zijn vroegere echtgenote koningin Sophie had zich erover beklaagd dat hij soms zonder aanleiding zijn nagels in haar armen, hals en keel zette. Ministers die regelmatig zijn redeloze woede ondergingen, beschouwden Willem III als niet goed wijs.[3]

Maar de koning was meer dan alleen maar een persoon. Als hoofd van het koninkrijk was hij hoeder van een universum. In die hoedanigheid kon zijn binnenkomst een zaal vol met pratende mensen in één klap stil krijgen. Niemand zei ooit zijn naam.

Willem heette 'Sire'. Hij was nog net niet God, maar hij kwam daar wel dicht bij in de buurt. Dat was ook het perspectief van Henriëtte, toen de grote man met de weelderige snor en baard na lang wachten eindelijk in de blauwe voorkamer verscheen. Zij voelde zich meteen heel klein worden, maar ze was vastbesloten om van haar optreden een succes te maken. Op school had ze voor *conduite* altijd een *très bien* gehaald.[4]

De koning sprak Elise het eerste aan. 'Charmé de faire vôtre connaissance,' zei hij tegen haar, waarop Elise haar ingestudeerde toespraakje begon. Maar toen gebeurde er iets onverwachts. Midden in het toespraakje van Elise verloor de koning zijn aandacht, keerde zich van haar af en keek verwachtingsvol naar Henriëtte. Die kon niets anders doen dan dwars door Elises speech heen aan haar eigen 'bedankje' beginnen. Ze voelde zich erg onbeleefd, maar de koning knikte goedkeurend.

Zo ontdekte Henriëtte op haar eerste ochtend al een belangrijke hofwet: dat iedereen zich streng aan de regels moest houden, maar dat de koning die regels zelf aan zijn laars mocht lappen. Hij kende ook niet de onzekerheid die iedere Nederlander in zijn buurt ervoer. Doe ik het wel goed? Gebruik ik de juiste woorden? Is mijn kleding in orde? De koning was de enige in het paleis die zich nooit hoefde af te vragen wat de koning van hem vond. Toen Henriëtte haar riedeltje zonder haperen had afgestoken, slaakte ze een zucht van verlichting. 'Een heerlijk gevoel dat die presentatie voorbij was!' schreef ze aan haar moeder.

LOSSE SCHROEVEN

Koning Willem III was God op aarde. Toch stelde zijn positie vergeleken bij die van zijn vader en grootvader weinig voor. Die voorouders, Willem I en Willem II, heersten van 1813 tot 1848 nog als absolute vorsten. De eerste zeventien jaar zelfs over de noordelijke én zuidelijke Nederlanden en Luxemburg.

Maar vanaf 1830 ging het bergafwaarts. Eerst scheidde België zich af van Nederland, en daarna betekende in 1848 de liberale grondwet van Thorbecke de doodsklap voor de almacht van de koning. Willem II zette, na aanvankelijk tegenstribbelen, zelf zijn handtekening onder de grondwet die van hem een wandelend monument maakte.[5] Toen hij kort daarna stierf, erfde zijn zoon een onmantelde troon. Hij was niet meer dan chef van de nationale pr-afdeling, zoals moderne koningen dat oneerbiedig gezegd nog steeds zijn.

Tot 1848 hadden de koning en de adel formele macht in Nederland. Maar met de nieuwe grondwet werd niet adeldom, maar geld het criterium voor actief en passief kiesrecht. En niet de koning, maar de ministers en de Tweede Kamer werden verantwoordelijk voor het landsbestuur.

Met de 'machtsgreep' van Thorbecke kwam er een einde aan de eeuwenlange regententraditie van de familie Van de Poll. Met de macht van de koning verdween de macht van diens vrienden, zoals van Henriëttes grootvader, die na zijn burgemeesterspost in Amsterdam in 1840 gouverneur van Utrecht was geworden. Door Thorbecke werd hij in 1850 uit het bestuur 'gezuiverd'. Fredrik Harman, toen juist in de leeftijd om carrière te maken, had als belastingambtenaar nog maar weinig om zich op te laten voorstaan. Het enige wat hij had waren relaties uit de tijd dat zijn vader nog iets te betekenen had. Zijn invloedrijke neef jonkheer Joan Roëll bijvoorbeeld. Deze jurist, Tweede Kamerlid en later minister, was zoon van de commissaris des konings in Utrecht en zoon van Fredrik Harmans zuster.

Roëlls bezoekje op die middag eind december bewees maar weer eens wat goede familiebetrekkingen in de negentiende eeuw waard waren. Henriëttes uitverkiezing was een buitenkans. Het hof was na Thorbecke nog een van de laatste bastions waar puur op grond van afkomst carrière gemaakt kon worden. Henriëtte zou functioneren als een soort zendmast voor haar ouders, broers en zusjes. Voortaan zou iedereen zeggen: 'Van de Poll? Ach maar natuurlijk, de hofdame van koningin Emma.'

Begin 1880 lekte in Den Haag het nieuws uit dat Henriëtte was gevraagd. Meteen sprongen de zoeklichten aan. De *société* van adel en patriciaat – ook wel 'de wereld' genoemd – informeerde bij elkaar wie die familie was die door de koningin was uitverkoren.

ADELDOM

In 'de wereld' bleef niet onopgemerkt dat de Van de Pollen pas sinds 1875 van adel waren. 'De wereld' was gespitst op 'anciënniteit'. Hoe meer generaties adellijke voorouders, des te meer eigen status. Maar Henriëtte heette vijf jaar voor haar benoeming aan het hof nog gewoon 'juffrouw' in plaats van 'freule'. In de negentiende eeuw kon de vraag of je van adel was of niet, bepalend zijn voor je kansen in de maatschappij. En de weg naar adeldom verliep via de Oranjes. Vanaf het moment dat zij in 1813 op de troon kwamen, strooiden ze kwistig met adellijke titels onder oranjegezinde vooraanstaande families.

Zo creëerden ze een invloedrijke 'fanclub'. Ze maakten op grote schaal nieuwe adel aan, naast de kleinere groep van oude adel, die eerder al titels had gekregen van buitenlandse vorsten. Rond de vijfhonderd families werden in de negentiende eeuw in de Nederlandse adelstand opgenomen, ingelijfd of verheven. Het eervolle stempel had eeuwigheidswaarde, want titels zijn erfelijk in de mannelijke lijn. Zo vormde zich een bijzondere groep die zich onderscheidde van 'gewone' mensen. Zij stonden net een treetje dichter bij de koning dan de rest.

De titels werden gekoesterd; adellijken trouwden het liefst alleen met adellijken. En of je erbij hoorde of niet, kon van beslissende invloed zijn op een carrière. Toen Henriëttes grootvader aan het begin van de negentiende eeuw voor een titel in aanmerking kwam, miste hij de boot. De reden was geldgebrek.

Verheffing in de adelstand kon heel eenvoudig gaan. 'Mijnheer, ik nobiliteer u,' zei Willem I bijvoorbeeld tegen de Friese burgemeester Daniël van Haersma de With, na een gezellige lunch op diens landgoed.[6] Zo had het Fredrik van de Poll kunnen vergaan, toen hij nog burgemeester was van Amsterdam. Maar behalve koninklijke goedkeuring was er ook een financiële voorwaarde voor adelsverheffing. Voor het adelsdiploma moest 1750 gulden worden neergeteld. En dat vonden Fredriks broers te duur.

Met besturen verdiende je minder geld dan met de handel. Geld was een heikel thema in de familie, een oorzaak voor minderwaardigheidscomplexen zelfs. De Amsterdamse burgervader Fredrik van de Poll voelde zich vernederd door de steenrijke Amsterdamse handelaren omdat hij 'niet zoo als zij met schatten begiftigd' was.[7]

Een titel was de ultieme manier om de 'geldaristocratie' een toontje lager te laten zingen. Want niet iedereen die geld had kon een titel krijgen. Op grond van zijn uitstekende connecties met de Oranjes[8] kon Fredrik die titel wel krijgen. Maar het geld! De familie Van de Poll had aanzien genoeg, vonden Fredriks broers. En zo bleven de Van de Pollen titelloos. Dat werd pijnlijk, toen na de komst van Thorbecke het familieaanzien verloren ging. Henriëttes vader, Fredrik Harman, moest een list verzinnen.

VROOLIJKE TOON

Toen Henriëtte in 1870 achttien jaar werd, trok Fredrik Harman van de Poll de stoute schoenen aan. Hij vroeg een adellijke titel aan voor zijn gezin. Tegen die tijd had hij zich met veel dingen verzoend. Voor iemand uit een roemrijk regentengeslacht leidde hij een tamelijk gewoon leventje. Hij had geen grote carrière gemaakt, maar hij had wel drie zoons, vier dochters en een lieve echtgenote, die ook nog geld ingebracht had voor een huis 'op stand'. Zelf had hij Huis Beek en Royen in Zeist nooit kunnen betalen. Naast zijn salaris als belastingambtenaar kreeg hij alleen wat extra inkomsten als mededirecteur van de Zeister verzekeringsmaatschappij Kosmos. Zijn aversie tegen dat werk compenseerde hij door veel te musiceren en te tekenen.

Ook was hij tot 1876 lid van de Zeister gemeenteraad, een post die je toen nog vooral kreeg dankzij een goed netwerk. Fredrik Harman had een uitstekend netwerk. Hij voelde zich veilig en thuis in de société, de invloedrijke adellijke kring die in de negentiende eeuw maatschappelijk de toon aangaf. Nu zijn familie in korte tijd zoveel status had verloren, klampte hij zich vast aan het laatste beetje oude glorie dat hij nog om zich heen had.

'Eene aangename hoogst fatsoenlijke vriendelijke en vrolijke toon' hadden adellijke families volgens Fredrik Harman.[9] Maar het erge was: als puntje bij paaltje kwam, keek dit adellijke gezelschap op hem neer. Dat werd pijnlijk duidelijk toen Henriëttes achttiende verjaardag naderde. De achttiende verjaardag was het moment dat adellijke families hun dochters aan de société presenteerden als potentiële huwelijkspartners. Maar voor kinderen van een 'burgerlijke' vader was er geen société, ook al had Fredrik Harman zijn kinderen opgevoed volgens de adellijke codes. Wat manieren betreft, was hij roomser dan de paus. Juist omdat hij met maar één been in het adellijke milieu stond, vond hij een goede presentatie essentieel.

De adellijke normen waren streng. Er waren 'verboden' woorden, die zodra ze werden uitgesproken onmiddellijk iemands onbekendheid in het milieu verrieden. Maar Fredrik Harmans kinderen beheersten het adellijke dialect tot in de puntjes. Ze zeiden 'agitatie' in plaats van opwinding, 'achats' in plaats van aankopen en 'dérangeren' in plaats van hinderen. Soms spraken ze juist weer heel informeel, zeiden ze 'boeltje' als ze bagage bedoelden. Door dit adellijke taaltje, in al zijn inconsequentie alleen te beheersen door wie erin was opgevoed, vielen buitenstaanders snel – letterlijk – uit de toon. Eén keer zeggen dat je 'naar de wc ging' in plaats van dat je 'even verdween', en je was ontmaskerd.[10]

De kinderen Van de Poll vielen niet uit de toon. Qua opvoeding hoorden ze in het land van de adel. Het enige probleem was dat ze er geen officieel paspoort hadden, en geen geld om dat te compenseren. Zonder kapitaal en titel zou niemand met hen willen trouwen. Tenminste, niemand die er in de ogen van Fredrik Harman toe dééd.

Ze konden niet allemaal zoveel geluk hebben als hijzelf. Toen hij als jongeman de huwelijksmarkt betrad, had hij dezelfde handicaps gehad als nu zijn kinderen: geen geld, geen titel. Maar dankzij een bijzondere samenloop van omstandigheden had hij toch een adellijke partner kunnen veroveren: Henriëtte Wilhelmine van de Poll, een verre achternicht van hem van een adellijke tak. Haar vader was net gestorven, dus die kon geen bezwaar meer maken. En haar moeder, die zelf kind was van gescheiden ouders, had een uitzonderlijke visie op het huwelijk. Zij wilde alleen maar dat haar dochter trouwde met een man van wie zij hield. Als zij Fredrik Harman en haar dochter samen uitgelaten zag musiceren, hij op de klarinet en zij op de piano, vermoedde zij dat het goed zat. En dat zat het: in zijn memoires had Fredrik Harman niets dan lof voor het lieve, zorgzame karakter van zijn vrouw.

Fredrik Harman wenste zijn kinderen zo'n partner toe: lief, maar van adel. Dus ging hij rechtzetten wat in zijn ogen scheef stond. De hoge kosten van het adelsdiploma accepteerde hij. Maar eerst stuitte hij nog op andere obstakels. Twee liberale ministers van Justitie wezen hem de deur: eerst F. van Lilaar en daarna G. de Vries. Sinds Thorbecke waren verheffingen in de adelstand niet meer uitsluitend een zaak voor de koning, maar ook van hen. De Vries wees Fredrik Harman er onomwonden op dat men 'ook zelf iets moet presteren' om in de adelstand te worden verheven. 'Maar toch niet iedereen is daartoe in de gelegenheid?' bracht Fredrik Harman daar tevergeefs tegen in.[11]

Gelukkig voor hem trad in 1874 een oude kennis van hem aan als minister, de conservatief Van Lynden van Sandenburg, zelf van adel. Binnen een jaar was het geregeld. Fredrik Harman van de Poll en zijn nazaten mochten zich jonkheer en jonkvrouw noemen. En vijf jaar later kwamen de Roëlls langs; dat was de ultieme beloning voor Fredrik Harmans geworstel met ministers. Zonder titel was Henriëtte nooit in aanmerking gekomen voor een functie aan het hof.

Een offer was het wel. Van Henriëtte werd dezelfde toewijding gevraagd als van een kloosterzuster.

De uitstraling van de koning was er door het verlies van zijn politieke leiderschap niet minder op geworden. Thorbecke had de koning dan wel buiten de politieke orde geplaatst, hij had hem ook het bijzondere predikaat 'onschendbaar' gegeven. Het goddelijke aura van de troon bleef daardoor behouden. Thorbecke had de troon uitgekleed, maar hem daarna behangen met hermelijn. Na 1848 werd de monarchie een bedrijf dat zich concentreerde op het product status. De Oranjes vertegenwoordigden de hoogste normen en waarden. Wie met de koning mocht omgaan, was iets.

Het hofpersoneel moest zich met hart en ziel geven. Net als een non mocht Henriëtte niet getrouwd zijn, evenals een non moest zij haar oude leven vaarwelzeggen en 'intern gaan'. Henriëtte mocht haar familie voortaan alleen nog opzoeken als het de koningin uitkwam. Dat zou niet vaker voorkomen dan een paar keer per jaar. Het salaris dat ze zou krijgen was laag, omdat geld geen rol mocht spelen bij een 'roeping' aan het hof. Een principe dat koning Willem III, die bekendstond om zijn zuinigheid, goed uitkwam.

Henriëtte was het ideale offerlam. Ze was ijverig, plichtsgetrouw en ongetrouwd. Niet speciaal mooi, maar wel gedistingeerd van uiterlijk. En onberispelijk opgevoed. Henriëtte was opgeleid aan het Jonge Juffrouwen Instituut in Zeist, waarna ze in Brussel een intensieve cursus Frans had gevolgd. Aan het hof, waar Frans de tweede taal was, was goede kennis van die taal een vereiste.

Dat Henriëtte niet uit een rijke familie kwam, was voor een functie aan het hof geen nadeel. Het zou haar juist geneigd maken tot dienstbaarheid. De ondergeschiktheid die van hofdames werd gevraagd, verhield zich slecht met een al te groot eigen financieel vermogen.

Anderhalve maand na het bezoek van Eritia en Joan Roëll

moest Henriëtte al beginnen. Want dat hoorde bij 'gevraagd' worden: als de koningin je nodig had, moest je meteen komen. Het afscheid van thuis was moeilijk. Op de ochtend van 31 januari 1880 had Henriëtte een steen in haar maag en een brok in haar keel. Toen ze haar moeder gedag kuste, excuseerde ze zich voor haar droefheid. Ze had heus wel zin in haar nieuwe bestaan aan het hof, zei ze. Ze was alleen verdrietig om het huis waar ze zich 'al die jaren zoo gelukkig had gevoeld' te verlaten. Voor de zoveelste keer beloofde ze haar moeder dat ze vaak naar huis zou schrijven. Een belofte die ze als geen andere zou inlossen.

Fredrik Harman begeleidde zijn dochter per trein naar Den Haag, waar ze op het station werd opgehaald door de grootmeesteres van de koningin, Leopoldina barones van Hogendorp. Haar vader keek toe terwijl ze in de hofkoets stapte. Henriëtte deed de deur nog één keer open om hem een paar 'ferme zoenen' te geven, en weg was ze.[12]

2 *De statusfabriek*

Na hun introductie bij de koning verkenden Elise en Henriëtte hun slaapkamers op de verdieping boven de koninklijke vertrekken. De kamers waren 'vroolijk en gezellig', maar er was weinig bergruimte. Een probleem was ook de afstand naar de sanitaire voorzieningen op de gang. Zoiets liet zich moeilijk beschrijven. In plaats van 'naar de wc' schreef Henriëtte twee uitroeptekentjes. 'Het zal zeer moeilijk gaan voor de wandeling nog eens even !! te gaan, want daar is het zeker twee minuten; maar er is gelukkig een meubeltje in mijn kamer.'

Hoewel de nieuwe hofdames na de ontmoeting met de koning gemakkelijk een hekel aan elkaar hadden kunnen krijgen, gebeurde dat niet. Tussen Henriëtte, relatieve nieuwkomer aan het adellijke firmament, en Elise, een barones uit een oud adellijk geslacht, ontwikkelde zich een grote vriendschap. Misschien kwam het doordat de een had wat de ander miste: Elise had haar oude status, Henriëtte beschikte over aanpassingsvermogen.

Tegen families werd aangekeken als tegen raspaarden: je had halfbloed en volbloed, 'goede' en 'minder goede' huizen. En wie met zijn titel 'ver terug' ging, had een 'goed' huis. De kersverse freule Henriëtte stond in rang dus ónder Elise. Zelf een voorzichtige twijfelaar, bewonderde zij Elise om haar uitgesprokenheid. Maar aan de andere kant vond Henriëtte, die gewend was de kat uit de boom te kijken, haar collega soms te weinig genuanceerd. 'Zij zegt wel eens meer dan zij verantwoorden kan,' schreef ze.

Maar wat de twee wel deelden, was gevoel voor humor. Al op

Willem III
(Iconografisch Bureau/RKD, Den Haag)

Henriëtte van de Poll
(Zeister Historisch Genootschap Van de Poll Stichting)

Huis Beek en Royen
(Gemeentearchief Zeist)

Fredrik Harman van de Poll in zijn jonge jaren
(Zeister Historisch Genootschap Van de Poll Stichting)

De moeder van Henriëtte met een van haar dochters
(Zeister Historisch Genootschap Van de Poll Stichting)

Fredrik Harman van de Poll in de muziekkamer
(Gemeentearchief Zeist)

De tuin van Huis Beek en Royen
(Gemeentearchief Zeist)

Henriëtte van de Poll
(Gemeentearchief Zeist)

Emma en haar hofdames Elise (l) en Henriëtte (r)
(Gemeentearchief Zeist)

Fredrik Harman van de Poll in het officiële tenue der Belastingdienst
(Zeister Historisch Genootschap Van de Poll Stichting)

Louise en Joanna van de Poll
(Zeister Historisch Genootschap Van de Poll Stichting)

Henriëtte van de Poll
(Zeister Historisch Genootschap Van de Poll Stichting)

De moeder van Henriëtte van de Poll
(Zeister Historisch Genootschap Van de Poll Stichting)

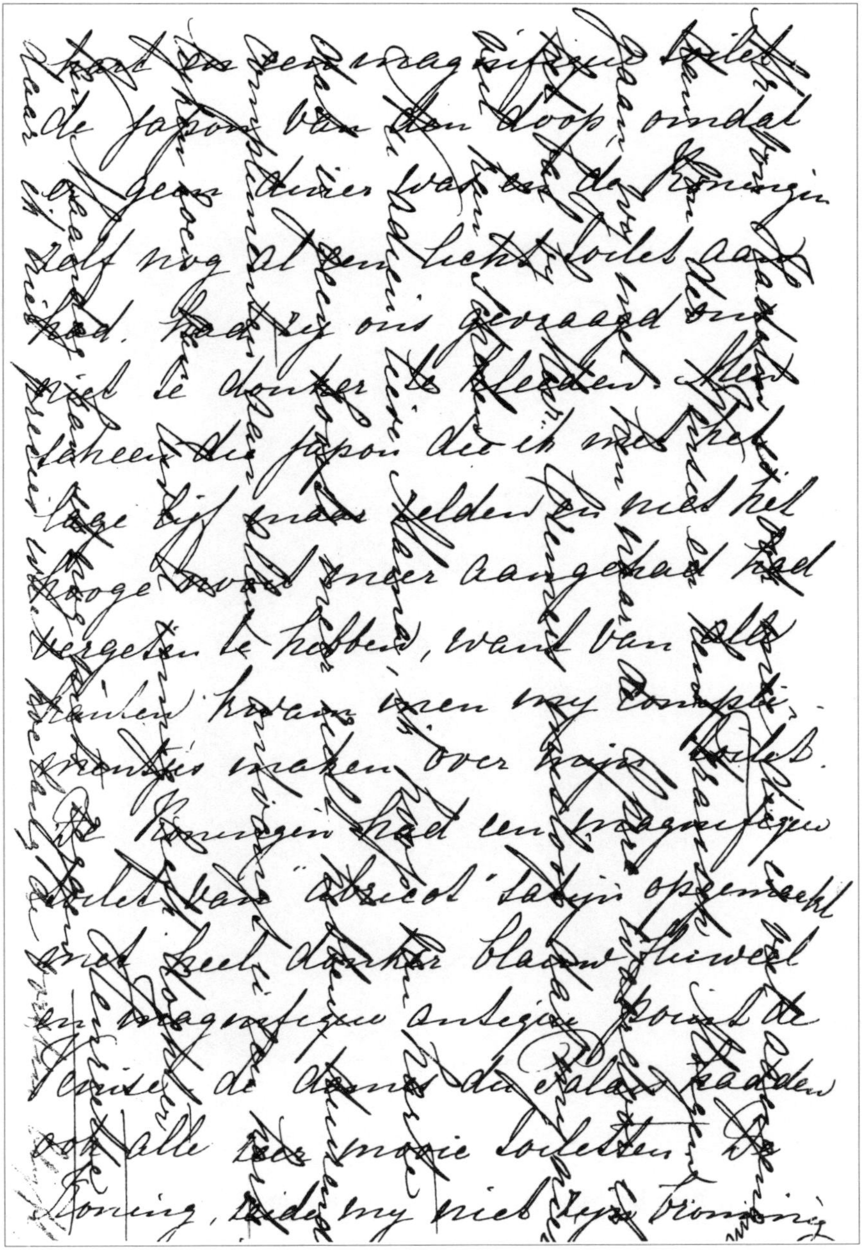

had ik een magnifique toilet
de japon van den doop omdat
ik geen diner was en de Koningin
zelf nog al een licht toilet aan
had. had zij ons gevraagd om
niet te donker te kleeden. Men
[illegible] die japon die ik met het
lage lijf maar zelden en met het
hooge nooit meer aangehad had
vergeten te hebben, want van alle
kanten kwam men mij compli-
menten maken over mijn toilet.
De Koningin had een magnifique
toilet van "abricot" satijn opgemaakt
met heel donker blauw fluweel
en magnifique antique point de
Venise. de dames du palais hadden
ook alle zeer mooie toiletten. De
Koning, zeide mij niet [illegible] Koning

'Dubbelschrift' uit dagboek Henriëtte van de Poll
(Gemeentearchief Zeist)

Twee hofdames getekend door Sebastiaan de Ranitz
(Gemeentearchief Zeist)

Emma met hofdame Elise van Ittersum
(Gemeentearchief Zeist)

Sebastiaan de Ranitz
(Iconografisch Bureau/RKD, Den Haag)

de derde dag konden zij 'zoodra de lakei even de kamer uit was' hun 'lachen niet meer houden'. Soms zongen ze 's avonds op hun kamers samen duetten. 'Heel fraai ging het natuurlijk niet, maar niemand hoorde ons, dus kwam het er niet veel op aan.'

Aan het hof kon je eigenlijk alleen jezelf zijn als niemand je hoorde of zag. Zo kwam het dat Henriëtte die eerste dag pas honger voelde toen ze alleen op haar kamer zat voor de lunch. De geestelijke inspanning om niets verkeerd te doen had zoiets simpels als eten onmogelijk gemaakt. Pas achter de deur van haar kamer kon ze genieten van de lunch, bestaande uit 'een heerlijke kop bouillon, warm gehakt met andijvie, warme kip, aardappels, twee dikke sneden foie gras en twee beignets met room erin'.

De deur van haar kamer zou de komende jaren de grens markeren tussen Henriëttes eigen leven en haar hofleven. Erachter, schreef ze haar familie, at ze en sliep ze en kleedde zij zich aan en uit, zonder zich te hoeven afvragen wat anderen daarvan vonden. Maar het leven buiten vergde dat zij altijd op haar hoede was. Zodra ze de gang op stapte, draaide alles om de vraag: Wie Staat Boven Wie?

Henriëtte had één uitlaatklep: haar ellenlange brieven. Ze vroeg aan haar moeder dan ook nadrukkelijk om niet rond te vertellen dat zij vanuit paleis Noordeinde zulke gedetailleerde berichten stuurde. 'Men moest het eens niet goed vinden en dan kreeg ik misschien den raad het niet meer te doen. Dat zoude ik vreeslijk vinden, want u weet niet welk een groot plezier het voor mij is om u zoo alles te schrijven wat er met mij en om mij heen gebeurt...'

Fredrik Harman schrok zo van deze waarschuwing, dat hij de brieven van zijn oudste dochter onmiddellijk bombardeerde tot top secret. Niemand anders in huis dan hij en zijn vrouw mochten ze nog lezen. Twee dagen later probeerde Henriëtte hem een beetje te kalmeren. 'Papa heeft mijn vraag om niet te veel te vertellen dat ik zulke lange brieven schrijf een beetje te ernstig opgenomen. Ook de jongens mogen ze gerust lezen. Ik meende alleen maar dat men niet moest zeggen: O, Henriëtte schrijft bijna iederen dag 12 bladzijden, daar men dan zou denken: wat schrijft dat kind toch...'

DE MENSCHEN EN HUN RELATIES

Toen Henriëtte na haar lunch even onderuit was gezakt om een dutje te doen, schrok ze op van een nerveus geklop aan de deur. Het was Elise. Henriëtte moest meteen bij de koningin komen! In haar haast verdwaalde ze in de paleisgangen. Een lakei redde haar, maar ze hijgde toen ze aankwam. En toen koningin Emma het gesprek opende met een vraag over Henriëttes familie in Zeist, werd het haar even te veel.

'Zij vroeg me of mijn familie niet naar was geweest over mijn vertrek en zag dat het mij een beetje moeite kostte daarop te antwoorden.' Emma, die ook haar ouderlijk huis had moeten verlaten, sprak troostende woorden, al was die troost naar hedendaagse begrippen misschien wat schraal. 'Zij zeide dat ik van de zomer wel eens verlof zou krijgen.' Daarop schakelde ze over naar iets vrolijks. Had Henriëtte deze winter veel geschaatst? Toen ze zag dat Henriëtte bijgetrokken was, drukte ze haar op het hart zich te richten op een belangrijke taak: spoedig 'op de hoogte raken van de menschen en hun relaties'.

De 'menschen en hun relaties', dat was waar de monarchie na Thorbecke nog hoofdzakelijk om draaide. Het onderhouden daarvan was de koninklijke corebusiness geworden. Het volk moest worden bediend met optredens in het land, toespraken en handtekeningen onder wetgeving. En de adel moest worden vertroeteld met bals, thé dansants en audiënties.

Willem III's opdracht was niet om als koning te besturen, maar om als koning iets vóór te stellen. Zijn macht was symbolisch. Maar het product dat de 'statusfabriek' van Oranje Nassau aan Nederland leverde, kon je toch niet onderschatten. Het koningshuis gaf aanzien in de wereld. De koning hoefde daar feitelijk niets voor te doen, hij hoefde alleen te bestaan.

Dankzij dat bestaan hoorde Nederland – in de achttiende eeuw nog een rommelige bundeling van verdeelde provincies – nu bij de Europese monarchieën, zoals Pruisen, Rusland en Engeland. En dichter bij huis gaf het bestaan van de koning de adel weer een haven. Een staatsrechtelijke basis, die tijdens de Republiek had ontbroken. Dankzij de koning was Henriëtte geen juffrouw, maar een freule; dankzij hem had Elises oude baronessentitel weer officiële betekenis gekregen. En wat in het land na 1848 formeel was afgeschaft, bleef aan het hof bestaan: de voorkeurspositie van de adel.

Adel en koning hadden geen formele politieke macht meer, maar gaven elkaar wel allure. Na de afschaffing in 1848 van de adel als stand met politieke macht, behield zij als groep nog wel grote politieke, militaire en economische invloed. Door onderlinge huwelijken was de adel familie van elkaar geworden. De adel was een 'stam', en wie daarbij hoorde, klom gemakkelijk naar de top. Adellijke Tweede Kamerleden, burgemeesters en ministers speelden elkaar lustig de bal toe. Vijf van de acht ministers in het kabinet Van Lynden van Sandenburg, dat van 1879 tot 1883 het land bestuurde, waren van adel.

Het vage fenomeen van 'de menschen en hun relaties' was van levensbelang.

Dat gold zeker voor koningin Emma, die afkomstig was uit het Duitse ministaatje Waldeck Pyrmont. Zij voelde zich nog lang niet zeker op haar troon. Als twintigjarige was ze in 1879 getrouwd met een bijna tweeënzestigjarige weduwnaar. Je kon daarvan moeilijk iets romantisch maken. Het was iedereen duidelijk dat Emma door dynastieke politiek naar Nederland was gebracht. Met name haar ambitieuze moeder, zelf prinses van Nassau en getrouwd met de regerende vorst van Waldeck Pyrmont, was dolblij dat ze voor haar dochter een serieuze Europese troon had gevonden. Gedomineerd door Pruisen had de familie in Waldeck Pyrmont zelf nog maar weinig te vertellen.

Emma trouwde met Willem III uit plichtsbesef. En om haar

plicht verder goed te vervullen, moest zij relaties opbouwen. De hofadel functioneerde als haar 'ogen en oren' in de samenleving. Zonder de bescherming van de hofadel was de piepjonge koningin nergens. Ze moest opboksen tegen een muur van wantrouwen. De ziekelijke kroonprins Alexander, Willems zoon uit zijn eerdere huwelijk met Sophie, wilde zijn veel jongere stiefmoeder niet eens ontmoeten. De socialist Sicco Roorda van Eysinga noemde haar een 'verachtelijke hoer' omdat zij zich 'louter om de millioenen in den echt begaf met een afgeleefden, verzopen en verzwijnden vorst'.[1]

In de iets subtielere bewoordingen van polemist Busken Huet was koningin Emma een 'Keulse pottenmeid' die 'hare jeugd uit eerzucht heeft weggeworpen aan een afgeleefden man'.[2]

Emma had Henriëtte en Elise hard nodig.

'DE MARIES'

Aan Henriëtte en haar familie waren vijandige praatjes over het koninklijke paar niet besteed. Voor hen was de koning de zon, die de familie weer gouden glans gaf. Maar op dat ideaalbeeld kwamen in Henriëttes eerste week aan het hof wel al krasjes. Henriëtte werd gewaarschuwd voor de 'zon'. Haar achterneef, jonkheer Willem van de Poll, adviseerde haar onder vier ogen 'op te passen dat de Koning nooit al te aardig met mij was, want dat het dan nooit goed ging'. En dat 'als de koning gekheid begon te maken, ik maar moest doen alsof ik het niet begreep'.

Toen Henriëtte een paar dagen later op een drafje door de paleisgang liep, riep een lakei haar verschrikt na dat zij beter niet zo hard kon lopen. De koning, die het appartement bewoonde onder de vertrekken van de hofdames, kon door dit soort rengeluiden namelijk 'zoo vreeslijk aangaan'. Zouden de verhalen over de onbeheerste scheldpartijen toch iets van waarheid bevatten? Henriëtte liep voortaan altijd 'heel deftig,' schreef ze een beetje ironisch aan haar vader.

Ook merkte ze dat de koning een vreemde haat koesterde jegens de vorige hofdames, de freules Marie Huydecoper en Marie van der Goes. Zij hadden zich binnen een jaar na hun komst aan het hof verloofd.[3] Blijkbaar beschouwde hij het eigener beweging verlaten van het hof als echtbreuk. Met hem.

Vanaf het moment dat het geluk van 'de twee Maries' de koning ter ore kwam, wilde hij hen niet meer zien. Helaas moesten ze nog even blijven om hun opvolgsters in te werken, maar op 15 februari moesten ze weg zijn, zonder de gebruikelijke afscheidsceremonie.

De freules waren overstuur. En Henriëtte was des te meer doordrongen van haar moeilijke taak. 'Wat zullen wij ons best moeten doen,' verzuchtte ze tegen haar moeder. In ieder geval moesten ze niet proberen om het aan te leggen met heren van het hof. De koning gaf zijn ordonnansofficier, Willem van den Bosch, zelfs een speciale dienstorder die hem verbood om met Henriëtte en Elise te flirten. Dit bevel had hij eigenlijk op schrift willen laten stellen, maar daar had men hem nog net op tijd van af weten te houden.

Ook voerde de koning een spertijd in. Om elf uur 's avonds precies gingen de lichten uit en moest iedereen binnen zijn. Om te besparen op de verlichting, luidde de officiële reden, maar het was iedereen in Den Haag duidelijk dat de koning hiermee frivole neigingen bij de nieuwe hofdames de kop in wilde drukken. Het was een lastige maatregel, omdat koningin Emma juist wilde dat haar hofdames de feesten in Den Haag bezochten.

Hoe anders zouden zij op de hoogte moeten raken van 'de menschen en hun relaties'?

EIGENWAARDE

Op 13 februari was het eerste bal waar Emma haar hofdames naartoe wilde sturen. Maar als ze om elf uur alweer thuis moesten zijn, was het nauwelijks de moeite. Er moesten namelijk wel speciaal dure jurken voor gemaakt worden. Emma durfde haar man niet te vragen het verbod van elf uur voor een keertje op te heffen. Grootmeesteres Van Hogendorp bood Henriëtte en Elise aan bij haar te logeren, opdat niemand het zou merken als ze na elven thuiskwamen. Maar Henriëtte vond dat geen goed idee. 'Wij zijn bang dat de Koning er achter komt en woedend op ons is.'

Het was het eerste examen dat Henriëtte aan het hof aflegde. Wat doe je als de koning iets verbiedt wat de koningin juist wil? Hoe voorkom je dat je inzet wordt van een strijd tussen hen, en daar uiteindelijk zelf slachtoffer van wordt? Je trekt je eigen plan. Je geeft beiden wat ze willen en neemt zo min mogelijk risico. Henriëtte besloot de nieuwe jurk toch te laten maken en naar het bal te gaan, van kwart voor tien tot kwart voor elf. 'Iedere heer heeft een horloge bij zich,' redeneerde ze praktisch. Ze besloot wel te bezuinigen op een zijden rok. Die vond ze 'voor een enkel uurtje wat al te kostbaar'.

Het eerste bal van de hofdames in functie was dus van korte duur, maar lang genoeg om een verschil tussen hen verder aan het licht te brengen. Op het bal klaagde Elise tegen andere gasten steen en been over de spertijd van de koning. Uit 'agitatie' weigerde ze zelfs te dansen. Henriëtte intussen uitte geen protest tegen de koninklijke regels. Om hofdame te worden moest je 'zoo verschrikkelijk veel opofferen,' vond ze, dat het vroeg verlaten van een bal daarbij vergeleken 'een vreeslijke nietigheid' was.

Henriëttes meegaandheid verried haar prille adellijke status. In de gecodeerde adellijke wereld had een barones als Elise van Itersum meer ruimte om gevoelens uit te spreken dan een freule als Henriëtte. De eerste kon op haar strepen staan, de tweede moest oppassen geen aanstelster te lijken. Met een titel werkte het vroeger in adellijke kring net als tegenwoordig met een vliegbrevet. Als je er een had, kon je deelnemen aan het verkeer, maar vervolgens bepaalde het aantal 'vlieguren' hoe ver je kon gaan.

Elises gewichtige familieverleden had ook nadelen. Haar trots hield niet altijd gelijke tred met haar ondergeschikte positie aan het hof. Toen ze in de tweede week van haar verblijf op het paleis een dag lang niet door de koningin werd geroepen omdat die zich niet lekker voelde, voelde ze zich vernederd. Vond de koningin haar soms niet goed genoeg? De spanning liep zo hoog op, dat Elise de volgende avond van de zenuwen vergat haar hoofdtaak uit te voeren: bij aankomst in de schouwburg de mantel van de koningin aannemen. En bij het vertrek kon ze de sluiting niet vinden. Henriëtte sloeg het daaropvolgende gestuntel, dat eeuwen leek te duren, medelijdend gade. Samen met 'tout Den Haag'.

De koningin had medelijden met Elise, maar wilde vooral dat het nerveuze gedoe snel ophield. Een hofdame die zichtbaar de kluts kwijt was, was wel het laatste wat ze kon gebruiken. Aan het hof mocht je voelen wat je wilde, je moest het niet tonen. 'Die arme kleine Van Ittersum,' zei de koningin, zelf acht jaar jonger dan Elise, tegen Henriëtte, 'wat zou ik toch kunnen doen opdat zij niet zo bang is?' Henriëtte schreef Elises zenuwachtigheid toe aan haar 'overgroote begeerte om alles goed te doen'.

Te veel gevoel van eigenwaarde kon aan het hof zeker een handicap zijn. Wie niet te hoog van de toren blies, althans niet zichtbaar, manoeuvreerde een stuk makkelijker. Besef van je eigen plaats ten opzichte van die van anderen was van groot belang. Het ging niet om wat er gezegd werd, het ging om wie het zei. Het ging niet om wie je was, maar om wat je voorstelde. En het ging niet om wat je vond of voelde, maar om wat je toonde. Dat waren de regels die alle medewerkers van de statusfabriek zich vroeg of laat eigen moesten maken.

SELECTIEMECHANISME

Het hoofd van de statusfabriek bleef intussen rare dingen doen. Toen bij Henriëttes familie in Zeist roodvonk uitbrak, verbood de koning haar om brieven te ontvangen van het thuisfront. Hij was bang dat de bacillen zich via de enveloppen door het paleis zouden verspreiden. Henriëtte excuseerde zich tegenover haar moeder voor de 'bespottelijken angst' voor epidemieën waar iedereen in het paleis 'tot in het overdrevene' rekening mee moest houden. Maar ze vroeg haar ouders toch het schrijven van brieven te staken. 'Het spijt mij vreeslijk geen brieven van u en de meisjes te mogen ontvangen, maar het moet toch nog maar zoo blijven tot de epidemie goed over is.'

De koning voelde zich niet alleen bedreigd door epidemieën, maar door alles en iedereen. En de rest van het hof voelde zich weer bedreigd door hem. Een pasje te veel of te weinig, een verkeerd woord of een verkeerde blik konden leiden tot een woede-uitbarsting. En niets was zo verschrikkelijk als de toorn over je heen te krijgen van de baas. Voor zijn verjaarsreceptie, in Henriëttes derde week aan het hof, werd daarom druk geoefend. Toen voor Henriëtte het moment suprême aanbrak de koning te feliciteren, sprak zij de zin 'J'ai l'honneur de vous offrir mes meilleurs voeux pour ce jour'[4] zonder haperen uit. Ze geloofde wel dat ze 'een kleur had toen hij zoo vlak voor mij stond', maar stelde tevreden vast dat ze toch 'niets bang' was voor de koning.

Vlak daarna was ze dat wel, toen ze de fout maakte achter hem aan te lopen, omdat ze dacht dat hij de zaal al ging verlaten. Andere hovelingen waarschuwden Henriëtte met drukke gebaren dat ze aan de kant moest stappen, wat ze toen snel deed. Koortsachtig informeerde ze naderhand in haar omgeving naar de reactie van de koning op haar misstap. Ordonnansofficier Robert van Heeckeren, die vlakbij had gestaan, vermoedde dat de koning haar niet had gezien, of gedaan had alsof hij haar niet zag, wat een bewijs was dat hij 'in een goede bui' was. Voor de zekerheid verifieerde Henriëtte het bij de grootmeester van de koning, Rutger-Jan graaf Schimmelpenninck van Nijenhuis, die tot haar grote opluchting zei dat de koning 'zeer goed begreep dat men zich in het begin wel eens vergiste'.

Ondanks de strenge regels heerste in het paleis een groot gebrek aan efficiency. De koning richtte zijn huis 'naar eigen goedvinden' in, zoals de wet luidde. Noordeinde had twee hofhoudingen: een van de koning en een van de koningin. Henriëtte behoorde tot de laatste. Boven haar stonden de grootmeesteres, Leopoldina barones van Hogendorp, en de grootmeester, Rutger-Jan graaf Schimmelpenninck van Nijenhuis.[5]

Bij de rekrutering van hofpersoneel woog familieachtergrond zwaarder dan professionele kwaliteiten. De benoeming van mevrouw Van Hogendorp als grootmeesteres was een goed voorbeeld van dit selectiemechanisme. Zij was de kleindochter van Leopold graaf van Limburg Stirum, een van de grondleggers van het koninkrijk der Nederlanden in 1813.[6] Bovendien was ze ook nog eens getrouwd met de zoon van Gijsbert Karel van Hogendorp, de andere drijvende kracht achter de vorming van het nieuwe koninkrijk. Haar vader, Otto Jan Herbert, had zij aan zij gevochten met de prins van Oranje tijdens de slag bij Quatre Bras.[7]

Maar op het gebied van managementvaardigheden scoorde mevrouw Van Hogendorp ver onder nul. Zij was een warhoofd. Mevrouw Van Hogendorp vergat bijvoorbeeld de namen van Elise en Henriëtte als zij hen aan iemand moest voorstellen. Instructies begreep ze meestal verkeerd. Op een dag zei de koningin dat Henriëtte een 'medaille' verdiende omdat zij erin was geslaagd om mevrouw Van Hogendorp iets uit te leggen. Het had op Henriëtte wel een ontspannende werking, een dergelijke hoogadellijke dame, kilometers boven haar als freuletje verheven, die in haar praktische vaardigheden zo schromelijk tekortschoot.

Ondanks 'al haare agitatie' was Henriëtte dol op mevrouw Van Hogendorp. Ze was 'altijd zoo bijzonder hartelijk voor ons'. Mevrouw Van Hogendorp was dankzij haar hoge adellijke status een van de weinigen aan het hof die het zich kon permitteren om niet voortdurend op haar hoede te zijn. Haar visites vond Henriëtte 'altijd zeer komiek'. Dan zei ze: 'Lieve schat, mag ik je eens wat vragen?' Waarop Henriëtte zei: 'Mevrouw, gaat u zitten.' Dan antwoordde ze: 'Neen, lieve schat, want ik heb volstrekt geen tijd', om vervolgens toch te gaan zitten en 'een heelen tijd' te blijven, om bij het weggaan 'nog verscheidene halten van eenige minuten' te maken.

De koningin ergerde zich dood aan Leopoldina met haar maniertjes en nam Henriëtte daarover na drie weken al in vertrouwen. 'Die mevrouw Van Hogendorp heeft werkelijk talent om de boel in de war te schoppen,' zei ze. En een week later kwam ze zelfs tot de volgende conclusie: 'Mevrouw Van Hogendorp is uitstekend als mevrouw Van Hogendorp, maar als grootmeesteres is ze niets waard.'

WEDERZIJDSE TOLERANTIE

Anders dan in een gewoon bedrijf was aan het hof ongeschiktheid geen reden voor ontslag. Althans: niet meteen.[8] Barones van Hogendorp was misschien een chaoot, zij was wel barones van Hogendorp.

Omgekeerd was de tolerantie groot. Door de koning werd mevrouw Van Hogendorp 'schandelijk onbeleefd' behandeld, en toch kon zij 'niet velen dat men iets kwaads van hem zegt'. Dat was conform de informele afspraak die adel en koning in de negentiende eeuw hadden. De adel kreeg aan het hof een bijzondere positie en gaf daar onvoorwaardelijke steun aan de koning voor terug.

Dat deed ook de grootmeester, Rutger-Jan Schimmelpenninck, de kleinzoon van de beroemde raadspensionaris. Hij stond bekend als een ijdeltuit. In 1874 was hij verheven tot graaf, terwijl hij zelf president van de Hoge Raad van Adel was. Deze naar zelfverheffing riekende actie leidde in Den Haag tot veel geroddel.[9] Hofpersoneel noemde de grootmeester 'Jan Rutjes' als hij er zelf niet bij was, en het viel Henriëtte op dat ook koningin Emma opzettelijk oneerbiedig aan hem refereerde als 'Schimmelpenninck', zonder iets ervoor.

En er was nog iets. Schimmelpenninck had een slechte adem. Henriëtte zocht naar woorden om dit aan haar moeder duidelijk te maken. 'Om een zekere reden' was het beter 'een goed eind van hem af te zitten als hij praat'. Op een dag was hij nauwelijks de kamer uit of Elise riep: 'O, Henriëtte, geef mij gauw de Eau de Cologne!'

Ondanks alles was Schimmelpenninck aan het hof een onvermijdelijke factor. Hij had de dood van de eerste vrouw van de koning meegemaakt, koningin Sophie, en hij had hem later aangemoedigd om zijn schandalige relatie met een Franse operazangeres te verbreken. Ook was hij erbij geweest toen de koning Emma van Waldeck Pyrmont voor het eerst ontmoette. Schimmelpenninck hoorde bij het hof zoals een fornuis in de keuken. En de koning kon erop vertrouwen dat de geheimen van die keuken bij hem veilig waren.

In de hofhouding werkte bijna niemand wiens familieverleden niet op de een of andere manier met de Oranjes was verbonden. De hofhouding was een tableau vivant van collega's en/of vrienden van vroeger. De particulier secretaris van de koning, Charles graaf Dumonceau, wiens vader adjudant was van Willem II, gaf in zijn memoires zelfs toe dat hij de vriendelijkheid die hem ten deel viel 'moest toeschrijven aan de achting die mijn ouders in de wereld genoten'.[10] De familie van hofmaarschalk Snouckaert van Schauburg diende de Oranjes al voor hun ballingschap naar Engeland, eind achttiende eeuw.

Hovelingen werden niet in de eerste plaats geselecteerd op intelligentie. Al te briljante geesten zouden het in het paleis ook niet uithouden. De adjudant van de koning, Gijsbert van Heemstra, strooide volgens Henriëtte met hoogdravende teksten als 'Bent u het niet met mij eens, dat de wereld een haringsla is bestaande uit jaloezie, egoïsme en ijdelheid?' Hij had de bijnaam 'dolle Gijs', vanwege zijn vreemde, onbesuisde optreden. Maar zijn vader behoorde tot de Friese bestuursadel en zijn moeder, die Van Pallandt heette, behoorde tot de Gelderse landadel die al eeuwenlang contacten onderhield met de Oranjes. Daarom was hij aan het hof, net als later zijn zuster Cornelia, die gouvernante werd van Wilhelmina.

Altijd als de koning nieuw personeel zocht, werd eerst gekeken of er zusters, broers, zoons, dochters, neven of nichten van hovelingen beschikbaar waren. Inhoudelijk was er aan het hof weinig uitdaging – de kunst bestond vooral uit het bedrijven van diplomatie tegenover de woeste koning.

Henriëtte kampte vaak met saaie gesprekspartners, zoals kamerheer Nepveu. Hij kende weliswaar alle militaire rangen uit zijn hoofd, maar verveelde Henriëtte met 'hele lange verhalen op één toon', zodat ze 'niets anders kon zeggen dan Hé! Ja? Oh! Zoo?' Eenzame uitzondering was Sebastiaan de Ranitz, een favoriet van zowel Henriëtte als van koningin Emma. Hij was adjudant en particulier secretaris van de koning, later van de koningin. Als een van de weinigen onder het hofpersoneel die (nog) niet van adel was,[11] was hij een wandelende aanbeveling voor vers bloed aan het hof. Hij was niet alleen diplomatiek, maar ook intelligent en kunstzinnig.

De oude codes vormden niet alleen een handicap bij de selectie van personeel, maar ook in de communicatie binnen de hofhouding. Dat de één een hogere status had dan de ander, stond rechtstreeks contact in de weg. De eenvoudigste mededeling moest via via worden overgebracht. Henriëtte zag algauw de nadelen hiervan. 'Het schijnt dat de menschen van het hof elkander niet begrijpen indien de boodschappen niet door een derde gaan. Zoo moest ik vandaag een boodschap van mevrouw Van Hogendorp aan de koningin overbrengen en een van de koningin aan mevrouw Van Hogendorp, terwijl zij elkaar om drie uur spraken en dus best alles zonder mijn tusschenkomst hadden kunnen bespreken.' Vlak hierna schreef grootmeester Schimmelpenninck Henriëtte een brief van drie bladzijden lang 'over iets dat ik vanmiddag al als afgehandeld beschouwde'.

Het simpelste antwoord kon Henriëtte de koningin niet gewoon mondeling geven. Ze moest het per brief versturen aan de eerste kamervrouw, mevrouw Kreusler, die de brief dan weer aan de koningin overhandigde. Veel misverstanden en onderling gekibbel ontstonden doordat de een dacht dat de ander iets had gezegd, terwijl dat niet zo was, en doordat de ander juist dacht dat de een weer iets had gezegd wat de ander helemaal niet had bedoeld. Vooral mevrouw Van Hogendorp en mijnheer Schimmelpenninck zaten elkaar regelmatig in de haren.

'Allerkomischt' was dat volgens Henriëtte. En ook volgens de koningin, die Henriëtte tijdens dit soort aanvaringen altijd superieur toelachte. Dit terwijl koningin Emma zelf soms ook haar steentje bijdroeg aan de chaos. Tijdens Henriëttes eerste herfst aan het hof joeg zij de echtgenotes van de hofheren de stuipen op het lijf door hen opeens uit te nodigen voor een groepsbezoek, een *cour*, de volgende dag. 'U begrijpt dat zeer veel menschen in groote verlegenheid waren, daar verscheidene dames geen toilet hadden,' schreef Henriëtte. De inderhaast bijeengescharrelde kledingcombinaties gaven de *cour* een wat armetierige aanblik, vond ze. 'Bijzonder mooie toiletten waren er niet daar niemand tijd had gehad iets nieuws te laten maken.'

Van een geoliede organisatie kon je aan het hof niet spreken. Maar in een instituut waarin de toon de muziek maakte, kwam efficiency nu eenmaal niet op de eerste plaats. In deze entourage rees de ster van de nuchtere Henriëtte snel. Zij was handiger dan de grootmeesteres, flexibeler dan Elise. Dat zag Emma meteen. Binnen de kortste keren vertrouwde zij Henriëtte de organisatie toe van een hoofdritueel aan het hof.

DE AUDIËNTIES

Audiënties bij Emma waren voor de Haagse societydames en hun families wat priesterlijke zegeningen waren voor de katholieken. Het waren gesprekjes die alleen tot doel hadden om de uitgenodigde dame – en soms een of meer leden van haar familie – te laten zien dat zij werd beschouwd als een (goede) relatie. De gesprekjes vonden plaats in het winterseizoen, als het koninklijk paar verbleef op het Haagse Paleis Noordeinde. Het hof was dan een sociale snelkookpan, anders dan in de rustige zomerperiode, als het hof zich verplaatste naar Paleis Het Loo in Apeldoorn.

Het was niet de bedoeling om de koningin tijdens audiënties op de hoogte te stellen van nijpende kwesties. De aantrekkingskracht van het bezoekje lag vooral in het feit dat de dames na afloop in de Haagse society konden zeggen dat ze bij de koningin waren geweest.

Zodra de koning en de koningin in de stad waren, zat iedereen in Den Haag maar ook daarbuiten met kloppend hart te wachten of er een uitnodiging zou komen, terwijl Henriëtte in het paleis in kaart probeerde te brengen wie al was geweest en wie nog moest komen. Om een werkbare administratie op te zetten, bladerde ze heel wat af in de staatsalmanak die ze van huis had meegenomen. Gelukkig kende hofveteraan Schimmelpenninck iedereen die er in adellijke kring toe deed. Hij hielp Henriëtte namen te schrappen of toe te voegen. Als de koningin 's avonds vroeg 'Nou Henriëtte, wat denkt u ervan, wie zullen we morgen nemen?', zocht zij soms 'op goed geluk' maar wat mensen uit.

De audiënties vonden meestal 's middags plaats, vanaf een uur of drie. Er was een schema dat deed denken aan dat van een hedendaagse tandartsenpraktijk. Henriëtte lichtte 's morgens de kamerheer over dat schema in, waarna die ervoor zorgde dat in de kleine rode salon de haard aan was. Soms werd Henriëtte in alle haast bij de koningin geroepen die, terwijl zij nog bezig was 'zelf haar japon toe te knoopen', dan vroeg: 'Zeg mij snel even iets over mevrouw Fock.' Dan moest Henriëtte 'pen en papier' pakken en snel 'inlichtingen' vragen aan de particulier secretaris van de koning, Dumonceau. Die verstrekte dan informatie als 'de dochter van mevrouw is vorige maand getrouwd' of 'de echtgenoot van mevrouw is pas verongelukt'. Samen met de kamerheer ontving Henriëtte vervolgens de gasten en praatte met hen totdat zij bij de koningin mochten komen. Na het gesprek bracht zij de gasten weer naar de uitgang. De organisatorische wanorde kon Henriëtte soms volledig verrassen. 'Van de tweede audiëntie van mevrouw Boreel-Dedel wist ik volstrekt niets,' klaagde ze dan tegen haar moeder.

De frequentie van de bezoekjes was vrij hoog. Op een willekeurige middag kwamen om kwart over drie mevrouw Schimmelpenninck van der Oye-Steengracht en haar dochter. Een kwartier later arriveerde het echtpaar Melvill van Carnbee-Fabricius en meteen daarna de prinses von Wied met haar hofdame, gravin Stillfried.

Henriëtte speelde een hoofdrol bij het uitnodigen van mensen tegen wie zij in een eerder leven nog behoorlijk had opgekeken. Dat maakte haar af en toe zenuwachtig, maar niet kritiekloos. Integendeel. Henriëtte was door haar ouders streng geschoold in stijl. En dus nam zij de personages aan het hof vanaf het begin al vrij meedogenloos de maat. Zelfs de koningin zag er volgens haar soms 'heelemaal onder ons gezegd, niet gedistingeerd' uit. 'Zij had zulk een enorm kapsel met lange krullen in haar nek zoo als men het tien jaar geleden droeg, en een sleep zo enorm dat zij hem haast niet voor kon krijgen.' Of zij pakte haar sleep bij het van de trap afdalen 'heel hoog op, wat niet zeer koninklijk stond'.

De vroegere juffrouw Van de Poll was verrast over hoe de Haagse elite vaak helemaal niet voldeed aan de hoogste normen. Het echtpaar Van Carnbee-Fabricius bijvoorbeeld, was volgens Henriëtte 'een allerkomischt lelijk paar'. Henri van Heeckeren vond ze 'geducht dom', en over mijnheer Insinger schreef ze 'wat is die monsterlijk leelijk'. Bij mevrouw Fock viel het Henriëtte meteen op dat zij 'heel burgerlijk' sprak. De familie Fock hoorde dan ook niet tot de adellijke société, maar tot het patriciaat, wat in de ogen van Henriëtte een onderscheidend gegeven was. Hetzelfde gold voor mevrouw Van Hall. Zij had ook al 'niets gedistingeerds' en zij leek Henriëtte 'zeer bij de hand'.

Maria van Pruisen, die 'prinses Hendrik' werd genoemd omdat zij getrouwd was met Hendrik Frederik, de broer van Willem III, zag er wel 'heel lief' uit, maar was 'verschrikkelijk verlegen'. Toen Elise zich aan haar voorstelde, werd de prinses vuurrood en vroeg ze met een verlegen stemmetje: 'U komt uit Utrecht, niet waar?'

Dagelijks legde de Nederlandse fine fleur voor Henriëttes ogen examen af, met vaak bedroevende resultaten. Omdat zijzelf altijd als de dood was om iets verkeerd te doen, was het prettig om het gestuntel te zien van anderen. Zonder dat de gasten het wisten, luisterde zij vanuit het kamertje naast dat van de koningin de gesprekken af. Een zekere mevrouw Von Köckritz ('zij is Van Stirum van haar eigen, maar is getrouwd met een Duitser') raakte op een dag in een soort praatstuip. Zij 'rammelde zoo' dat de koningin er nauwelijks nog tussen kwam. 'Hebt u ooit zooiets gehoord?' fluisterde kamerheer De Jonge in het zijkamertje tegen Henriëtte. 'Wat praat dat mensch! Zij heeft haar les zeker van buiten geleerd.'

Henriëttes moeder raakte in Zeist goed op de hoogte van wie zakte en wie slaagde voor het hofexamen. 'Mr d'Yvoy praatte nogal, maar met mevrouw Boreel was het pompen, terwijl de dochter maar een enkele phrase gezegd heeft.' Mevrouw Fock stelde wel honderd vragen aan de koningin, maar verzuimde daarbij ook maar één keer 'Uwe Majesteit' te zeggen. De conversatie ging er bovendien 'te eenvoudig' aan toe, vond Henriëtte. 'Hoe gaat het met uw gezondheid? Hoe gaat het met uw moeder? Enz.' Nee, dan mevrouw Van Limburg Stirum, die was 'volkomen op haar gemak en toch heel beleefd'. Je kon wel zien dat het voor haar 'niets vreemds was om met eene Koningin te spreken'. De koningin prees haar na afloop. Wat een 'kalme en gedistingeerde manieren' had die mevrouw Van Stirum!

Henriëtte was verrukt dat koningin Emma haar oordeel over de gasten al snel aan haar toevertrouwde. Eerst nog voorzichtig. Op 23 februari 1880 zei ze tegen Henriëtte dat ze de dochters van mevrouw Van Hogendorp 'zo springerig' vond. En dat ze met mevrouw Sierzputowski-van der Goes[12] 'niets ingenomen' was. Vier dagen later waagde de koningin zich een stapje verder. 'Wat vond u nou van die mevrouw Boreel? Wat een gekke persoon moet dat zijn.' Toen wees zij met haar vinger naar haar voorhoofd: 'En wat een hoed!' De graaf van Limburg Stirum beviel de koningin ook minder dan zijn vrouw. 'Wat vond u nou van de echtgenoot, ik vind haar veel te aardig voor hem.'

Na verloop van tijd liet Emma zich bij Henriëtte helemaal gaan. Ze vertelde haar hoe ze haar lachen vaak nauwelijks kon inhouden als er weer eens iemand binnenkwam in een 'bespottelijk toilet'. Of als mensen stotterden of struikelden. Toen een ongelukkige gast op een dag ongewild een circusact opvoerde, had ze het echt niet meer. Henriëtte schreef haar moeder: 'Verbeeld u dat er gisteren een mevrouw met haar man en dochter bij de koningin kwam, die binnenkomende in haar buigingen verward raakte en na vergeefsche pogingen om op de been te blijven ineens op den grond zat. De koningin was trots op haar eigen zoo goed als zij zich gehouden had, maar die arme Mevrouw was er zo van ontdaan geweest dat, hoewel zij zeer spraakzaam is, zij gedurende de heele audiëntie niet weer op verhaal kon komen.'

Maar het lachen verging Henriëtte zodra het de beurt aan haar eigen ouders was om bij de koningin te komen. Plaatsvervangend zenuwachtig stuurde Henriëtte dan brieven met instructies naar Zeist. Ruim van tevoren, zodat er nog tijd zou zijn om te oefenen. Ze lichtte hen tot in de puntjes in over de do's-and-don'ts. Zelfs in 1887, toen Henriëtte al zeven jaar in dienst was en er dus al heel wat audiënties waren geweest. Wel mochten dat jaar haar twee oudste zusjes, Clara en Louise, voor het eerst meekomen. Henriëtte schreef haar moeder: 'U en de meisjes moeten vooral maar goed praten, de koningin vindt het vermoeiend als men alleen Ja en Neen zegt. U maakt allen naarmate u in de kamer komt dadelijk een buiging. Als de koningin u een hand gegeven heeft, zijn in dien tijd de twee meisjes binnen. Dan zegt u dadelijk: mag ik de eer hebben Uwe M. mijn dochters voor te stellen, waarop zij heel netjes moeten buigen. Ik schrijf dit maar vooruit, dan kunt u vanavond nog eens repeteeren.' Tot slot raadde zij haar moeder aan 'kalm de trappen op te klimmen, anders komt u buiten adem boven'.

In een ander jaar adviseerde ze haar moeder om toch vooral haar wintermantel te dragen, die haar 'veel beter en deftiger stond' dan haar zomermantel. Toen haar vader in de zomer van 1883 werd uitgenodigd om een muziekavond bij te wonen op Het Loo, waarschuwde Henriëtte hem dat men 'zooals u weet, vorstelijke personen in 't geheel niet aanspreekt, maar wacht totdat men door hen aangesproken wordt'. En 'tegen princessen, getrouwd of niet, zegt men Madame, evenals tegen een koningin, als men Fransch met haar spreekt'. Henriëtte, die van haar ouders had geleerd om zich met vorm te wapenen als zij 'buiten' kwam, bewapende nu zelf vanuit het paleis haar ouders. Want aan het hof bood niets een betere bescherming dan kennis van de etiquette. Niet alleen tegen de woeste koning, maar ook tegen de vriendelijke koningin, van wie Henriëtte als geen ander wist hoe kritisch ze eigenlijk was.

Alleen die keer dat haar vader door Willem III werd ontvangen verzuimde Henriëtte haar voorzorgen. Twee maanden na Henriëttes entree aan het hof, in mei 1880, mocht Fredrik Harman de koning in eigen persoon bedanken voor de benoeming van zijn dochter. Dagen tevoren was hij al zenuwachtig. Zijn allereerste ontmoeting met een koninklijke hoogheid was ooit slecht verlopen. In het jaar 1830, toen zijn vader nog burgemeester van Amsterdam was, was de toenmalige kroonprins der Nederlanden, de latere koning Willem II, op bezoek gekomen. Tijdens dat bezoek had hij voor de grap zijn steek met hoge witte pluimen op het hoofdje gezet van de toen zevenjarige Fredrik Harman. Die had hem meteen weer eraf getrokken met de woorden 'dat vind ik een beetje vies'.[13] Zijn ouders waren door de grond gezakt van schaamte.

Inmiddels wist Fredrik Harman beter. Maar Henriëtte had hem niet verteld dat Willem III zijn gesprekspartners altijd eerst heel lang van top tot teen bekeek voordat hij het woord nam. Toen dit Fredrik Harman overkwam, dacht hij dan ook sidderend dat hij de verkeerde kleding aanhad. Na afloop van het korte gesprekje verifieerde hij bij kamerheer Pauw van Wieldrecht of alles wel in orde was. Die zei van wel, maar nu Fredrik Harman zich toch onzeker had getoond, liet hij subtiel vallen dat het officiële tenue van belastingontvangers hem op zich niet zou hebben misstaan. Meteen bij thuiskomst bestelde Fredrik Harman een dergelijk uniform, à 325 gulden, in die tijd een astronomisch bedrag. Volgens Fredrik Harman was het zijn geld meer dan waard. Henriëtte wist dat het onnodige moeite was. De koning keek altijd raar. Het was juist belangrijk om je daardoor niet uit het veld te laten slaan.

ALLERVRIENDELIJKST LACHJE

Koningin Emma had mede dankzij haar Duitse opvoeding een strakke hiërarchische visie op het sociale verkeer. Het systeem van 'wie staat boven wie?' zat als gemetseld in haar hoofd. Des te meer verbaasde Henriëtte zich, in haar eerste seizoen aan het hof, over de toegankelijkheid van de koningin. Ze praatte met haar 'net als een gewoon jong meisje' over kleding en concerten. Henriëtte had niet gedacht dat zij met de koningin zo snel op intieme voet zou komen te staan. 'Die groote eenvoudigheid en natuurlijkheid waarmede de koningin alles zegt, zet mij zoo vreeslijk op mijn gemak. Ik geloof dat zij alles zegt precies zooals zij het meent en dat oprechte trekt mij zoo aan,' schreef ze aan haar moeder. Desondanks bleef tussen hofdame en koningin toch altijd afstand bestaan.

Henriëtte wilde niet anders. Als Emma zich zou gaan gedragen alsof zij gelijken waren, dan zou dat ten koste gaan van het respect dat zij voor Emma graag wilde hebben. Henriëtte paste op dat zij de grenzen die haar positie stelde niet overschreed. Twee maanden na haar komst aan het hof hoorde ze voor het eerst het gerucht dat Emma in verwachting was. Ze wilde dolgraag weten 'of dat praatje waar was', maar haar bazin zei er niets over. Henriëtte dus ook niet. In plaats daarvan wierp ze een hengeltje uit bij Emma's kamervrouw, mevrouw Kreusler. 'Ik heb haar maar eens gezegd dat ik zoo van kinderen houd.' Dit was te subtiel voor de argeloze mevrouw Kreusler. Zij beaamde alleen dat kinderen inderdaad heel aardig waren.

Echt contact met Emma was onmogelijk. Standsverschil zou een gelijkwaardige vriendschap altijd in de weg blijven staan. Emma rekende haar hofdames tot haar intimi, maar dat die intimi onderdanig aan haar waren, vond zij vanzelfsprekend. Zo vanzelfsprekend, dat zij soms leek te denken dat er dwars door alle onderdanigheid heen toch sprake kon zijn van een gelijkwaardige band. Behalve de koning was iedereen aan Emma ondergeschikt, en vergeleken bij al die anderen stonden Henriëtte en Elise nog relatief dicht bij haar. Wilde zij niet door gevoelens van totale eenzaamheid overmand raken, dan lag het voor de hand om zich zo nu en dan op voet van gelijkheid met haar hofdames te wanen. Maar realistisch was dit niet.

Omgekeerd lagen de zaken namelijk anders. Aan een vriendin durfde Henriëtte 'nee' te verkopen, aan de koningin niet. Henriëtte had op een vrije avond bijvoorbeeld een kennis te gast voor het diner, toen een lakei plotseling met de boodschap kwam dat ze bij de koningin moest komen.

'Ik heb geen dienst vandaag,' zei Henriëtte. Waarop de lakei antwoordde: 'Dat weet ik wel, freule, maar de koningin wenst beide hofdames te zien.' Henriëtte liet haar gast onmiddellijk alleen om aan het verzoek te voldoen. Wat moest ze anders? Zeggen: 'Verontschuldigt u mij, majesteit, ik heb vrij vanavond'? Uitgesloten. Zodra de koningin Henriëtte ontbood, liet deze alles uit haar handen vallen om zo snel mogelijk gekapt en gekleed voor haar te staan. Om, als zij dan met bonkend hart kwam aandraven, van de koningin te horen: 'O Henriëtte! Ik hoop dat u zich niet te veel heeft hoeven haasten, want er is niets bijzonders, maar ik heb een half uurtje vrij en ik had zin om een beetje met u te kletsen.'

Er bestond voor Henriëtte niets verrukkelijkers dan een complimentje van de koningin. Zoals tijdens een soirée, waar Henriëtte kans zag om na afloop precies op het goede moment klaar te staan met Emma's mantel. Dankzij een 'heerlijk plaatsje in een deur' had Henriëtte precies kunnen zien 'wanneer hunne majesteiten begonnen afscheid te nemen', zodat zij, zodra zij langskwamen, klaarstond 'met de sortie open, die ik in een wip op de schouders van de koningin gooide'. Met een 'allervriendelijkst lachje' fluisterde de koningin haar toe: 'Heel goed, duizendmaal dank.'

De 'liefde' tussen hofdame en koningin kwam van twee kanten, alleen de voorwaarden verschilden.

Toen Emma Henriëtte op een dag vroeg om haar te corrigeren als zij fouten maakte in het Nederlands, had zij geen idee van het probleem waarmee zij haar hofdame opzadelde. Het corrigeren van een zo hoogstaand persoon als de koningin was voor Henriëtte onmogelijk. Ze worstelde met haar twee plichten, gehoorzamen en nederig zijn. Moest zij de majesteit soms midden in een zin onderbreken? 'Nee, daar zegt u het verkeerd. Het is niet *de* huis, maar *het* huis.' Of moest ze naderhand zeggen: 'U zei vijf minuten geleden *de* huis, maar het is *het* huis'? Dat zou toch al snel een pedante indruk gaan maken. Henriëtte vond het verzoek van haar bazin 'nog al een moeielijke geschiedenis'.

Het gebrek aan gelijkwaardigheid maakte de koningin omgekeerd ook eenzaam. En kwetsbaar. Omdat niemand ooit een confrontatie met haar aanging, kon ze ook niet weten wat er echt om haar heen gebeurde. Het eigenaardige feit deed zich daarom voor dat Henriëtte, die ondergeschikt was aan de koningin, toch altijd een beetje medelijden met haar had. Als met een bijzonder vogeltje zonder soortgenoten.

Henriëttes eigen rang bracht op hun beurt haar ondergeschikten in beweging. Als ze de trap af kwam om uit te gaan, stonden de lakeien die in de gang zaten onmiddellijk op. In het begin deed dat haar blozen. Maar het wende snel. Ze ging de lakeien al snel beoordelen op hun functioneren. Op een avond verpestte eentje bijvoorbeeld haar hele diner, zo schreef ze geërgerd aan haar moeder. 'Die man zegt "dank u" voor ieder antwoord dat men hem geeft. En als u de toon niet hoort waarop het gezegd wordt, kunt u er u nog geen voorstelling van maken.'

Henriëttes leven aan het hof verliep voorspoediger dan ze had durven verwachten. Op 31 december 1880 concludeerde ze dat ze een 'zeer interessant jaar' had gehad, waarin zij 'meer aangenaams dan onaangenaams' had ondervonden. Er was eigenlijk maar één probleem dat erger was gebleken dan ze had gedacht: haar permanente geldtekort vanwege haar kledingkosten. 'Zeer zeker zijn de toiletzorgen de grootste moeielijkheid in onze positie,' vond Henriëtte.

Hierover kon zij met niemand praten. Het onderwerp 'geld' bestond aan het hof officieel niet. Noden bestonden überhaupt niet aan het hof, of het moesten de noden zijn van de straatarme mensen waar Emma zich zo nu en dan wel voor interesseerde. Maar dat waren problemen in een andere wereld. De verhevenheid die het hof moest uitstralen, sloot het bestaan van zoiets plats als geldtekort, laat staan geldzucht uit. Hofpersoneel moest zich de koninklijke verhevenheid boven aardse zaken eigen maken, anders paste het niet aan het hof.

Intussen stond het water Henriëtte vaak tot aan de lippen. Een oppervlakkige blik op de correspondentie tussen haar en haar ouders maakt dat meteen duidelijk (zie eerste illustratiekatern). Om te besparen op briefpapier gebruikten de Van de Pollen dat papier twee keer. Een keer van boven naar beneden, en een keer van rechts naar links, wat een moeilijk leesbaar gefriemel opleverde.

Kost en inwoning kreeg ze aan het hof. Kleding echter kwam voor haar eigen rekening, terwijl hofdames tot in de perfectie gekleed moesten gaan. Hun stijl moest toonaangevend zijn. Als Henriëtte er niet goed uitzag, was al het andere zinloos. Ze zou nog zulke geanimeerde gesprekken kunnen voeren, het commentaar achteraf zou dan toch luiden dat de hofdame er 'weinig gedistingeerd' had bij gelopen. Het hof was na Thorbecke alleen nog vorm, dus dan moest die ook wel in orde zijn.

Kleding was in de negentiende eeuw toch al een tijdrovend en kostbaar gebeuren. Negentiende-eeuwse dames trokken niet even snel iets aan. Er was iemand bij nodig om alles goed op zijn plaats te krijgen. Henriëtte had daarvoor haar kamenier, Cécile. Met een korset werd het gewenste silhouet verkregen: veel boezem of juist weinig, taille of heupen. Over het korset kwam een zogeheten tournure, een stalen constructie die de japonrok aan de achterkant volume gaf. Het strakke korset leidde soms tot serieuze gezondheidsproblemen. Zo hoorde Henriëtte op een dag dat jonkvrouw Lucie van der Goes zich 'zoo stijf geregen' had, dat het 'niet goed' met haar ging.

Aan de zorgvuldig geselecteerde japonnen zag Henriëtte tot haar schrik altijd wel foutjes. 'Woensdagmorgen is mijn japon van Grondijs gekomen. Hij is zeer elegant, maar er mankeerde vreeslijk veel aan. De mouwen waren zoo nauw dat ik er niet in kon, ook het lijf was veel te nauw en kon met geen mogelijkheid dicht. Ook vond ik het snit nogal stijf.' In uiterste nood zocht Henriëtte haar toevlucht tot dure ateliers over de grens. Met angst over de financiële kant van de zaak, en daarom extra kritisch. 'Wij hebben stalen gehad uit Lyon voor de *manteau de cour*, maar er is niets bij dat mij bijzonder bevalt.'

Intussen bezuinigde ze op de kleinste dingen, zoals het bekleedsel van haar strijkplank. Had mama niet nog een oude wollen deken of een linnen laken die zij daarvoor kon gebruiken? Op de strijkplank knipte haar handige kamenier, Cécile, oude japonnen op tot ze eruitzagen als nieuw, en voor haar eerste bal naaide zij op Henriëttes oude mantel een witte rand van bont.

De 'toiletzorgen' konden de van nature opgewekte Henriëtte zeer deprimeren. 'Ik word soms 's morgens wakker met een gevoel als of ik er nooit door zal komen. Gelukkig gaat het nu beter, maar ik heb mij een paar dagen zeer bedrukt gevoeld.' Ze schaamde zich daar wel voor. Het was 'natuurlijk heel flauw' om 'alleen maar over kleeren zoo bezorgd' te zijn. 'Ik weet het best, maar dat helpt niet veel. Het is ook wel het effect van de voorjaarswarmte.'

De koningin vulde het karige salaris van haar hofdames weleens aan met cadeaus. Zij kon zich daardoor een goede geefster voelen, wat bij het routinematig betalen van een salaris veel minder het geval was. Dol van blijdschap was Henriëtte bijvoorbeeld toen zij en Elise in mei twee 'prachtige stukken goed' kregen van de koningin, satijnen jurken 'van magnifique qualiteit'. De koningin had al bepaald welke het beste bij wie paste. 'De blauwe zal bij Henriëtte het beste staan, de gele bij Elise,' zei ze met een 'vroolijk gezicht', terwijl Henriëtte en Elise nog op de drempel stonden van haar kamer.

Maar dit was nog niet alles. Er was ook een 'couvertje' bij, waar voor ieder tien gouden tientjes in zaten. 'Voor de vakantie,' zei Emma. 'U begrijpt welk een heerlijke surprise dat was en hoe vreeslijk blij wij beiden waren,' schreef Henriëtte. Zij werkte niet, zij diende. En Emma betaalde niet, zij gaf. Geld was taboe, al stak Emma dan soms tientjes in couvertjes. Maar dan waarschuwde Henriëtte haar moeder: 'Over de japon kunt u gerust vertellen, maar van het geld zou ik buiten af maar liever niet spreken.'

Omdat niemand over geld mocht spreken, was er geen rem op de pathologische zuinigheid van de koning. Naar buiten toe straalde het hof pracht en praal uit, maar binnenshuis was de koning een vrek. In het voorjaar van 1880 begon hij te bezuinigen op het menu voor zijn personeel. Geen vis meer, en aan het ontbijt twee in plaats van vier beschuiten. Het lunchgeld voor de kameniers schafte hij af. Dat was voor hen een 'heel banqueroetje', volgens Henriëtte. 'Nu moeten zij geheel leven van hetgeen wij overlaten.' Het leidde tot 'groote ontevredenheid' bij het dienstpersoneel.

De koning was geobsedeerd door het gebruik van brandstof, waardoor Henriëtte soms bang was dat hij zou ontdekken hoe vaak zij op haar kamer haar 'kacheltje' aanhad. In zijn bezuinigingsdrang had de koning de neiging om van anderen te profiteren. Zo had hij 'uit zuinigheid het rooken afgeschaft', maar rookte hij vervolgens 'steeds sigaren van de heeren uit zijn omgeving'.

Ook Emma was sober ingesteld. 'Van aard gierig' noemde kamerheer Pauw van Wieldrecht haar in zijn memoires.[14]

Achter Emma's koninklijke verhevenheid ging nuchter materieel besef schuil. Daaruit vloeide haar oog voor minderbedeelden voort. Een opmerking à la Marie Antoinette – 'Als het volk geen brood heeft, waarom eet het dan geen cake?' – zou je van Emma niet horen. Ze trok weleens samen met Henriëtte eropuit om kleren uit te delen aan vrouwen van arme dagloners. 'Zij reed dan met haar panier vóór zo'n huisje en liet de vrouw bij het rijtuig koomen, dit vond ik zeer amusant. Zoo was er een vrouw die de Koningin den geheele tijd aansprak als "Zijn Hoogheid".' Een andere deed het volgens Henriëtte 'eenvoudiger' en 'beter'. Die zei 'dag Koningin'. Zo werden ook de vrouwen van arme dagloners streng getest op hun bekendheid met de juiste vorm.

Emma's zorg voor de armen betekende overigens niet dat zij welvaartsverschillen onrechtvaardig vond. Integendeel. In het rangen- en standensysteem dat zij in haar hoofd had, waren verschillen juist het uitgangspunt. Zelf hoorde zij bovenaan te staan.

Een schijnbaar aangeboren radar alarmeerde de koningin dan ook meteen als iemand haar in weelde naar de kroon stak. Bij die personen was zij er alert op dat zij niet te veel pretenties kregen. Zo zou de jurkencollectie van Louise Besier, de latere gouvernante van baby Wilhelmina, haar op een dag nog flink op de zenuwen gaan werken. Emma, die haar hofdames met Kerstmis sieraden en kleding gaf, weigerde de enorme collectie van *La Besier* nog verder te spekken. 'Ik wil haar geen toiletten geven,' zei ze tegen Henriëtte, 'want ze heeft er bijna net zoveel als ik, het drievoudige van wat u heeft. Stelt u zich voor dat dit meisje allerlei sieraden heeft, ze heeft wel vier gouden armbanden. Ik denk dat ik haar boeken ga geven.'

Voor het oog van 'de wereld' hoorde Henriëtte bij de koninklijke familie. Dat bracht heel wat teweeg. In Den Haag kreeg ze vanaf haar eerste dag als hofdame sterrenstatus. Toen zij en Elise na een kerkbezoek buitenkwamen, zagen ze op een dag een menigte rond hun rijtuig staan. Ze vroegen zich af wat er aan de hand was. Het duurde even voor ze begrepen dat zijzelf het onderwerp van de belangstelling waren. Onder respectvolle stilte van hun publiek stegen ze in. Ze kropen 'zoo ver mogelijk achterin hun coupeetje', waar ze de slappe lach kregen.

Terwijl het volk hen niet durfde aan te spreken, deed de elite dat opeens juist heel graag. Henriëtte rende van bal naar opera naar receptie. Ze had per week wel tien afspraken en raakte langzamerhand vertrouwd met het principe aan het hof dat relaties in de eerste plaats strategische allianties waren. Toen de baron van Verschuer op een dag op straat een heel eind met Elise en Henriëtte meeliep, sloot Henriëtte niet uit dat hij dit alleen deed 'voor onze positie en niet voor onze persoon'. Maar ze vond het 'toch in alle geval heel plezierig'. En toen zijn echtgenote, die een 'vreeslijke praatster' was, op een dag zei dat zij 'hield van al wat Van de Poll was,' concludeerde Henriëtte zakelijk: 'Juist iemand die zoo praat, is beter tot vriend als tot vijand te hebben.'

Parallel met haar centrale positie in het societyleven verwierf Henriëtte zich een positie in het Haagse roddelcircuit. Na een jaar aan het hof was zij zo goed ingevoerd, dat zij zelfs hofveterane Eritia Roëll-de Beaufort, die haar nota bene aan het hof had geïntroduceerd, 'maar liet praten' als het over hofzaken ging. Henriëtte hoorde roddels altijd aan met een zekere afstandelijkheid. Zichtbare gretigheid was ongepast. Maar intussen registreerde ze alles feilloos en briefde ze de details door aan haar moeder.

Het belangrijkste onderwerp van de roddels waren de 'engagementen' die binnen de adellijke kring werden gesloten. Met liefdeslevens was veel gemoeid. Goede verlovingen konden een reuzenstap omhoog betekenen. Maar een mesalliance (trouwen beneden de stand) kon een eeuwenlang opgebouwde familiestatus in één klap tenietdoen. Over een adellijk persoon die trouwde met een burger werd op dezelfde toon gesproken als over een sterfgeval. Een beetje zacht, het grote leed indachtig. Schaamte verhinderde dan dat er werd doorgevraagd.

De verloving van een van haar broers met een burgermeisje uit Vianen was een dieptepunt in het leven van Elise. Het ging om 'een juffrouw Dupper', volgens Henriëtte. 'Kent u dien naam?' vroeg ze quasi-argeloos aan haar moeder. De vraag stellen was haar beantwoorden. Bij een verloving in adellijke kring hoefde naar achternamen geen navraag te worden gedaan. Die waren bekend. Het ging er hooguit om vast te stellen van welke tak iemand afkomstig was. Elise had nauwelijks iets over de verloving gezegd. En juffrouw Dupper was aan de familie gepresenteerd, uitgerekend een dag voordat Elise met verlof naar huis kwam. Voor de goede verstaander – en Henriëttes moeder was er zo eentje – was het wel duidelijk dat de broer van Elise 'door een of andere burgerfamilie was ingepalmd', zoals Elise later zelf in een ongebruikelijke vlaag van openhartigheid aan Henriëtte zou bekennen. Ze sprak er nooit over, maar Henriëtte wist dat het voor Elise 'een groot verdriet' was.

Zo precair was het sluiten van een huwelijk. Een gewenste verloving die op het laatste moment afketste, kon de hoop op een mooie toekomst van een verloofde en zijn of haar hele familie, vader, moeder, broers en zusters, doen vervliegen. Een van de drama's die Henriëtte bijvoorbeeld bezighield, was dat van de freule Van Reenen. Zij was verloofd met jonkheer Boreel. Die had beloofd dat de verloving publiek zou worden zodra hij gepromoveerd was, maar had zich ondertussen stiekem verloofd met een ander, de freule Schimmelpenninck van der Oye! De freule Van Reenen had er volgens Henriëtte 'een algemeenen haat en verbittering tegen de menschen' aan overgehouden.

Even smeuïg was de spanning rond Cecile Steengracht en 'al degenen die haar tot vrouw hadden willen hebben'. Eritia Roëll wist Henriëtte te vertellen dat Cecile eindelijk een knoop had doorgehakt: haar engagement met Schimmelpenninck was er door! Eritia wist ook dat Cecile Steengracht zo lang had geaarzeld om Schimmelpenninck te nemen, omdat zij eigenlijk Jan H. van Maarssen had willen hebben. Die wilde echter niet haar, maar Marie van Weede, die op haar beurt hem weer niet wilde.

Over jonge meisjes was Henriëtte meestal kritisch. Enige jaloezie ten opzichte van de piepjonge debutantes leek de nog ongetrouwde Henriëtte niet vreemd. 'Alle nieuwe jonge meisjes van dit jaar waren er, bijna allemaal in witte jurken. Ze kleefden aan elkaar als een kudde schapen in het midden van een van de salons. Voor het grootste deel zijn ze niet mooi. De jongste Du Tour is heel mooi, Louise van Hardenbroek is redelijk mooi, Elise van Amerongen van Natewisch is heel aardig en gracieus, maar de anderen zijn allemaal zeer middelmatig.'

PAARDRIJDEN

Roddelen was amusant, maar had ook een maatschappelijke functie. Het leven van een negentiende-eeuws individu was vooral een leven in de ogen van anderen, van familie en omgeving. De misstap van één persoon kon een hele familie besmetten; je zat nu eenmaal samen in een schuitje. Roddelen had een ordenende functie, namelijk in samenspraak ontsporing voorkomen.

Zo ontdekte Henriëtte op een dag tot haar schrik dat Elise over de tong ging. Mina Roëll zei haar bij een visite dat Elise 'zoo'n lief gezichtje had', maar dat zij hoopte dat 'Gijs van Hardenbroek haar niet te veel het hof zou maken'. Dat 'zou zoo jammer van haar zijn'. Gijs baron van Hardenbroek[15], opperkamerheer van Emma, was getrouwd. En nog wel met een *dame du palais*, Julie van Hardenbroek-gravin van Limburg Stirum.

De genegenheid tussen Van Hardenbroek en Elise was levensgevaarlijk. Voor iedereen: voor mevrouw Van Hardenbroek en haar familie, maar ook voor Elises ouders en hun kinderen, broers en zusters. En zelfs voor de koningin, op wie eventuele schandalen van het hofpersoneel zouden afstralen. Niet alleen Elises hart kon worden gebroken, ook haar status kon geknakt raken, en met die van haar de status van vele anderen.

Iedereen voelde zich gerechtigd zich ermee te bemoeien en verschillende dames hadden aan de affaire haast een dagtaak. Mina Roëll had besloten om de echtgenote van Van Hardenbroek aan te spreken over de zaak, vertelde zij aan Henriëtte. Ze had de bedrogen echtgenote gezegd dat het haar plicht was om ervoor te zorgen dat haar man Elise niet 'compromitteerde'. Mevrouw Van Hardenbroek had daarop ontzet gereageerd. Niet zozeer omdat haar man kennelijk achter een andere vrouw aan zat, maar vooral vanwege de indruk die dit kon wekken bij de buitenwereld. Ze wist van schrik niet meer wat nu nog wel en wat niet meer betamelijk was. 'Was het bijvoorbeeld verkeerd als Elise bij ons komt eten?' had zij radeloos aan Mina Roëll gevraagd. 'Neen, in het minst niet,' had die daarop geantwoord, 'maar dat zij zoo met hun beiden gaan paardrijden, vind ik minder goed.'

Mina had niets dan lof voor de 'verstandige', plichtsgetrouwe reactie van mevrouw Van Hardenbroek. Henriëtte deelde dat respect. Voor haar was het 'een rustig idee' dat mevrouw Van Hardenbroek haar man in de gaten zou gaan houden. Als echtgenote kon zij 'er immers meer aan doen en veel meer voorkomen' dan Henriëtte.

Toch voelde Henriëtte zich verantwoordelijk. Had zij niet moeten ingrijpen? Het was haar allang opgevallen dat Elise speciale aandacht kreeg van Gijs van Hardenbroek. Zij wist zelfs dat Elise cadeaus van hem had gekregen. Voor de zekerheid zei ze dat maar niet tegen Mina Roëll. 'Ik heb niet over cadeaus enz. gesproken,' meldde zij terloops aan haar moeder. Vervolgens maakte Henriëtte haar verzuim meer dan goed, zonder dat ze Elise zelf daarbij betrok. Noch tijdens, noch na de affaire zouden de vriendinnen er ooit een woord over wisselen. Het zou Elise te veel in verlegenheid hebben gebracht.

Als er al rechtstreeks iets werd besproken, diende dat binnen de familie te gebeuren. Daarom ging Henriëtte zonder medeweten van Elise op bezoek bij Elises zuster, Gertrude van Ittersum, om met haar de 'affaire met Van Hardenbroek' door te nemen. Met succes. 'Ik geloof dat u over die zekere zaak niet meer ongerust hoeft te zijn,' schreef ze aan haar moeder, die zich vanuit Zeist intensief met de zaak bezighield. Gertrude had Elise eens 'ernstig onderhouden, hetgeen zeer veel indruk op haar gemaakt had'. Daarna had Elise beloofd om aan de drukke omgang met Gijs van Hardenbroek een einde te maken.

Na deze belofte was Elise een tijd lang in een trieste stemming. Ze zei soms een hele avond geen woord. Maar Henriëtte vroeg haar nooit wat er aan de hand was. En had ze dat wel gedaan, dan zou Elise waarschijnlijk hebben gezegd dat ze zich niet lekker voelde. Vanwege het weer, of zo. Het vermoeden dat haar liefdesleven ondertussen wel van Den Haag tot in Zeist tot in Utrecht druk was besproken, moet onplezierig zijn geweest.

3 *Lotsverbondenheid*

De rustige zomermaanden op Paleis Het Loo in Apeldoorn vormden een welkome afwisseling op het drukke feestenseizoen in Den Haag. Henriëtte was blij dat ze even van de stress af was. Geen gepuzzel meer over garderobes, geen sociale kwellingen meer met onbekende, maar belangrijke personen. Er kwam alleen wel een zorg bij: de nabijheid van de koning. Op Het Loo was hij geen onaantastbaar idool in de verte meer, geen halfgod naar wie Henriëtte alleen op veilige afstand hoefde te kijken, maar iemand met wie zij bijna dagelijks aan tafel zat. Daardoor werd de koning een gewoon mens.

En wat voor mens. Het hof was de enige plek waar Willem III nog echt de baas was, en op Het Loo kwam die almacht tot volle wasdom. Daar was het hele hofpersoneel intern. Niet alleen Henriëtte en Elise, maar ook hun mannelijke collega's. Niemand van hen mocht weg zonder koninklijke toestemming.

In de bossen van Apeldoorn kon de koning zijn onvrede over het verlies van zijn macht in de rest van het land ongebreideld op zijn ondergeschikten botvieren. Henriëtte signaleerde hoe een legergeneraal als Gustave Marie Verspyck, in het opstandige Atjeh ooit een gevreesd krijgsman en inmiddels adjudant van de koning, onder dit koninklijke juk verschrompelde tot een bang schoothondje. Aan tafel vertelde Verspyck steeds wanhopiger dat 'zijn kinderen zoo naar hem beginnen te verlangen'. En Henriëtte vermoedde dat 'hoe meer hij naar huis verlangt, hoe langer hij wel hier zal moeten blijven'.

Bijna dagelijks had de koning een of meer woedeaanvallen die zijn omgeving deden sidderen van angst. Door steeds wisselende allianties voerde hij de spanning op. Nu eens was hij aardig tegen de een en negeerde hij de ander, dan weer was het net omgekeerd. Het hofpersoneel moest zich permanent bezighouden met de vraag 'Ben ik in of ben ik uit de gratie?'.

Lager personeel werd om het minste of geringste (tijdelijk) ontslagen. Als de bouillon te zout was, mocht de chef-kok acht dagen geen voet in het paleis zetten. Een lakei en een koetsier werden weggejaagd omdat zij de koning op een middag niet gezien en dus niet gegroet hadden. Een kamerdienaar en een lakei kregen vier dagen ontslag omdat ze niet in de vestibule hadden gestaan toen de koning langskwam. Tijdens het ontslag stopte de betaling van het salaris, wat voor dit werkpersoneel een ramp betekende. Hogere hoffunctionarissen werden minder gemakkelijk (tijdelijk) ontslagen, maar brachten andere offers. Zij moesten toezien hoe de koning van het hof een 'gekkenhuis' maakte.[1]

AAN TAFEL

De eerste keer dat Henriëtte de transformatie van de koning van Haagse 'halfgod' op afstand naar gestoorde tafelgenoot op Het Loo meemaakte, was in april 1880. Meteen na aankomst op Het Loo, op 9 april, schoof het hofpersoneel met de koning en de koningin achter de soep. Henriëtte mocht naast de koning zitten, als hofdame van dienst. Nog nooit was ze zo lang zo dicht bij hem geweest. Ze had zich geestelijk ingesteld op een persoonlijke afgang bij de intellectuele discussies aan de belangrijkste tafel van het land. Maar er waren helemaal geen discussies. Er waren nauwelijks gesprekken.

De regel aan tafel was dat niemand iets uit zichzelf mocht zeggen, behalve de koning en de koningin. Henriëtte 'hoorde niemand spreken dan den Koning en den Koningin en de menschen tot wie zij het woord richtten'. De koning sprak die negende april vooral met de intendant van Het Loo, jonkheer Sandberg, over 'veranderingen in de tuinen' en 'de watersnood'. De rest zat doodstil te lepelen. Verlamd van angst. Al snel kreeg Henriëtte grote moeite haar gezicht in de plooi te houden. 'Ik heb sinds mijn schooltijd zelden meer zulk een moeite gehad om niet te lachen,' schreef ze aan haar moeder.

De koning was aan tafel de enige gespreksleider. Ook Emma mocht in theorie initiatieven nemen, maar omdat de koning er niet tegen kon als zij zich op de voorgrond plaatste, was zij praktisch net zo gemuilkorfd als de rest. De regie was dus in handen van iemand die voor het voeren van conversatie juist geen talent had. Toen het gesprek op een dag ging over de reigers op Het Loo, vertelde de koning 'zóó lachende dat hij bijna niet kon spreken' dat hij 'vroeger, als die dieren op hun nest zaten, hen den kop afschoot en dat zij dan als ballen naar beneden vielen'. Henriëtte ergerde zich 'in stilte over zulk een wreedheid'.

In een vredelievender bui muntte de gespreksstof van de koning uit in onbenulligheid. 'Vertel eens, zijn er mooie bloemen bij uw papa en mama?' vroeg hij dan aan Henriëtte. In een slechte bui keek hij aan tafel 'zoo woedend alsof hij ons allen zou willen opeten'. Dan moest je erg op je woorden letten. Als iemand bijvoorbeeld 'Holland' zei, bulderde hij 'Nederland zul je bedoelen!' Als hij lachte, bulderde hij ook. Henriëtte vond dat 'iets vreeslijk akeligs', ze zag hem nog liever boos dan lachend. En dat wilde wat zeggen.

De driftbuien van de koning maakten iedereen in het paleis doodsbang. Zodat er aan tafel soms niet alleen niet gepraat, maar ook niet meer gegeten werd. Op een avond in november van het jaar 1880 kreeg niemand een hap door de keel, en hing er een sfeer 'alsof er een groot ongeluk was gebeurd'. Zelfs conversatie met de koning over het weer kon een mijnenveld zijn. 'Het is frisch vandaag,' zei hij op een dag tegen Henriëtte. 'Ja Sire, het is veel kouder,' antwoordde zij instemmend. Waarop de koning verontwaardigd riep: 'Neen, koud, dat kan je niet zeggen. 't Is niet koud, 't is frisch.'

Veiligheid had bij het hofpersoneel meer prioriteit dan een

boeiend gesprek. En omdat bekend was welke onderwerpen een zekere veiligheid boden – de tuinen van Het Loo, de watersnood en de jacht bijvoorbeeld –, viel men daar meestal op terug. Henriëtte hoorde kamerheer Willem baron Forstner van Dambenoy een keer uitgebreid vertellen over hoe lekker een speciale Zuid-Franse vis was en het viel haar op hoe welwillend de koning naar hem luisterde. Naderhand fluisterde Forstner tegen haar: 'Ik heb nog nooit zoo'n dier gegeten. Alles wat ik nu gezegd heb, heeft de Koning mij vroeger zelf verteld.'

NIEUWE 'FAMILIE'

Terwijl de rest van Nederland het hof beschouwde als een bolwerk van spannend en mysterieus leven, kwam dat leven in de praktijk vaak neer op lanterfanten. In Den Haag waren er nog ontvangsten om voor te bereiden, visites om af te leggen en brieven en kaartjes om te schrijven. Maar *off-season* op Het Loo was er bar weinig te doen. De activiteit van de hofheren bestond daar vooral uit jagen en sigaren roken met de koning, terwijl de hofdames theedronken met de koningin en met haar uit rijden gingen.

De hovelingen hingen veel met elkaar rond om de tijd te doden. Op een middag stond Henriëtte met een paar collega's een beetje dromerig over de leuning van een brug gebogen om naar de forellen te kijken, toen adjudant Van Amerongen verzuchtte: 'Wat is de dienst toch druk!' Dit maakte volgens Henriëtte 'zulk een gek effect, dat wij allen schaterden van het lachen'.

Henriëtte voelde zich soms net lid van een familie, met Elise als zusje, de hofheren als broers, de koningin als geliefde moeder en de koning als gehate vader. Om beurten werd over elkaar gevaderd en gemoederd. 'Precies zooals papa' vroeg stalmeester baron Bentinck dan bijvoorbeeld aan Henriëtte: 'Freule, kijkt u eens naar mijn boordje, kan ik dat aanhouden?' En dan antwoordde zij: 'Oh ja mijnheer, best, het is nog heel schoon.'

De artistiek aangelegde De Ranitz leek soms zelfs iets meer dan een broer. Hij gaf Henriëtte zelfgemaakte cadeautjes, zoals op een dag een 'beelderige bloembak van kurk'. Of hij maakte een lieflijke pentekening (zie eerste illustratiekatern) voor haar, van de hofdames samen wandelend in de bossen van Het Loo.

Als ze lang gescheiden waren geweest, stond hij haar bij terugkomst soms al op te wachten voor het raam. In de Duitse heuvels wandelden zij tijdens de koninklijke reizen heel wat af. Op haar kamer vond Henriëtte op een dag een 'beelderige tekening' van De Ranitz, met een kaartje waarop stond 'Souvenir de Wildungen'. Het was een herinnering aan hun gezamenlijke reis met de koningin naar Duitsland. Henriëtte was hier 'zoo dol blij mee', dat ze 'heelemaal in een vroolijke stemming' was en 'heelemaal verdiept' raakte 'in de contemplatie van die teekening'.

De Ranitz hield niet van dansen, maar danste altijd wel met Henriëtte. Trots schreef ze aan haar moeder dat ze De Ranitz, die eigenlijk niet durfde, op het paleisbal van 1882 'tot het dansen van een polka had gekregen'. De Ranitz had eigenlijk alle eigenschappen die Henriëtte in een man wenste: hij had gevoel voor vorm en was net als haar vader artistiek; hij was slim, geestig en soms cynisch. Hij was dienstbaar, maar dacht ondertussen overal het zijne van. Zo maakte hij aan het hof snel carrière: van adjudant tot particulier secretaris van de koning en later van de koningin. Net als Henriëtte stond hij met koningin Emma op goede voet.[2]

De Ranitz was getrouwd en had twee kinderen met Louise de Ranitz-Thomassen à Thuessink van der Hoop. Na een ontmoeting met haar in de trein schreef Henriëtte te vermoeden dat mevrouw 'vreeslijk veel van haar man houdt'. Misschien wilde zij haar moeder zo wel geruststellen dat zij haar plaats kende. En die kende ze ook.

Als het om mannen ging, was Henriëtte uiterst voorzichtig. Toen op een avond bij Dumonceau thuis werd besloten om 'blindemannetje' te gaan spelen, voelde Henriëtte zich ongemakkelijk.

‘Ik vond het eigenlijk bespottelijk en heb wel opgepast dat men mij niet pakte. Verbeeld u: allemaal groote menschen, waaronder getrouwde heeren en dames, die daar gillend uit elkaar stoven als de blindeman bij hen kwam. Ik ben misschien heel stijf, maar ik was blij toen om kwart voor elf mijn rijtuig kwam en ik aan het gevaar kon ontsnappen.’

Die voorzichtigheid was in haar functie niet overdreven. De gezelligheid onder haar personeel baarde de koningin zorgen. Zeker op Het Loo, waar hofheren en -dames dag en nacht in hetzelfde paleis woonden, was zij als de dood dat er grenzen werden overschreden. Over de hofdames moest niet geroddeld kunnen worden. Al in Henriëttes eerste voorjaar aan het hof sprak Emma haar erop aan, tijdens een rijtoertje. De koningin wilde dat Henriëtte er zo veel mogelijk voor zorgde ‘dat wij met ons beiden met de heeren wandelden en niet één alleen’. Henriëtte moest er van de koningin rekening mee houden dat er weleens heren kwamen die ‘minder serieus’ waren.

Mevrouw Van Hogendorp zei ook dat ‘de wereld’ vreemd aankeek tegen die twee dames met al die heren om zich heen. Henriëtte probeerde de barones ervan te overtuigen ‘dat de toon niets te vrij of te familiaar was’, maar vroeg zich ondertussen wel stilletjes af of Elise en zij zich toch niet te veel hadden gecompromitteerd. ’s Avonds concludeerden ze samen dat er inderdaad wel een dergelijk moment was geweest, toen iedereen Elise ermee had geplaagd dat kamerheer Vegelin van Claerbergen achter haar aan zat, terwijl hij daar zelf bij stond. Maar gelukkig had Henriëtte aan die grappen snel een einde gemaakt. Verder wist ze zeker ‘nooit iets gezegd te hebben’ dat niet door de beugel kon, ‘al waren er honderd getrouwde dames bij geweest’.

Voor zover er sprake was van onvervulde verlangens, werden die gesublimeerd in spelletjes, toneelstukjes en gegiechel met de hofheren. Naar de kerk gaan ‘met die heeren’ was bijvoorbeeld ‘niet bijzonder stichtelijk’. De Ranitz zong ‘heel hoog zooals Frits [Henriëttes oudste broer] indertijd de Negerzangers nadeed, en Mr Verspyck zat zoo wat brommende allerlei instrumenten na te bootsen. Elise en ik durfden elkaar niet aan te kijken, maar gelukkig hebben wij ons beiden zeer ernstig kunnen houden.'

Het afscheid van een leuke herenploeg was soms zwaar. In het voorjaar van 1880 schreef Henriëtte wel twee keer aan haar moeder hoe jammer ze het vond dat 'de heeren' weggingen. Toen het op de laatste avond tijd was om naar bed te gaan, 'haalden Van Amerongen en De Ranitz ieder een schonen handdoek uit hun zak en liepen snikkende door de kamer'.

TONEELSPEL

Hofpersoneel moest creatief zijn. Zo vergde de gespannen verhouding tussen koning en koningin inventiviteit. Wie de een tevredenstelde, joeg immers de ander tegen zich in het harnas.

Bij de directeur van het kabinet des konings, Jean Frédéric Alewijn, brak paniek uit toen Emma hem op een dag vroeg naar een zitting van de Eerste Kamer. Hij wist dat de koning niet wilde dat zijn vrouw zich met politiek bemoeide. Als de koning Alewijn erop zou betrappen dat hij Emma serieuze informatie toespeelde, kon hem dat de kop kosten. Maar hij durfde de koningin geen 'nee' te verkopen. Dus koos hij voor een gecompliceerde tussenweg. Hij markeerde de informatie die de koningin zocht met blauwe kruisjes in een paar kranten. Die stuurde hij aan Henriëtte, met het verzoek de bewuste passages uit het hoofd te leren en ze vervolgens mondeling over te brengen aan Emma. Helaas voor Alewijn raakte Emma geïrriteerd door deze tactiek. 'Hij is echt te voorzichtig,' zei ze tegen Henriëtte. 'Het lijkt me dat als ik hem iets laat vragen, hij daar best antwoord op kan geven.'

Omgekeerd kreeg Henriëtte de koning weer tegen zich, omdat de koningin haar graag mocht. Willem III had last van jaloezie. Die nam zulke extreme vormen aan, dat Henriëtte haast in de rol van echtbreekster werd geduwd. In haar eerste winter aan het hof noteerde Henriëtte na een 'alleramusantste tour' met Emma over de hei: 'Wat zou de Koning boos geweest zijn indien hij zijne vrouw en mij gearmd over de hei had zien stappen.' Soms deed Emma de deur op slot als ze met Henriëtte in haar kamer zat. Henriëtte vermoedde waarom. 'Dat doet zij uit angst dat de Koning eens onverwacht mocht binnenkomen en mij dan zeer intiem knie aan knie met Haar zou zien zitten.'

Het hofleven had veel weg van een toneelstuk, dat pas ophield als iedereen in bed lag. Acteertalent was dus een pre. Toen er in de winter van 1880 sneeuw lag en de koning het bevel gaf om sledes te laten sturen uit Den Haag, durfde niemand hem te vertellen dat die sledes allang op Het Loo waren. Dus werd er 'een heele comedie gespeeld'. Hovelingen gingen op de uitkijk staan of de sledes al in zicht waren, om uiteindelijk aan de koning te melden: 'De sledes zijn er!'

Het hofpersoneel hield van toneelspelen, ook in zijn vrije uren. Tijdens Henriëttes eerste zomer maakten De Ranitz en kamerheer Taets van Amerongen 'allerdwaaste' verzen over het hofleven, die zij 's avonds theatraal voordroegen. Als antwoord knutselden Henriëtte en Elise lauwerkransen, waarmee zij de 'dichters' de avond daarna bekroonden. Die vielen elkaar daarop snikkend van ontroering in de armen.

Ook de manier waarop de koning zelf zijn gevoelens uitte, leek soms net een voorstelling. Op een avond waren Elise en Henriëtte druk in gesprek met de koningin, toen zij uit de bibliotheek plotseling een vreemd lawaai hoorden. Het klonk als 'tjoek, tjoek, tjoek, tju, tok'. Hoewel Henriëtte duidelijk de stem van de koning herkende die het kakelen van kippen nabootste, zei ze er niets over. Maar de volgende dag vroeg ze tijdens een wandeling met kamerheer Vegelin van Claerbergen en De Ranitz of ook zij de rare geluiden hadden gehoord en of zij misschien wisten waarom de koning die geluiden maakte. Ja, zij hadden de geluiden ook gehoord. En ja, ze wisten ook waarom de koning ze maakte. 'Het is iets heel geks,' zei De Ranitz. 'Zou ik het wel zeggen, Vegelin?' 'Och ja,' antwoordde die, 'zeg het maar.' 'Welnu,' zei De Ranitz, 'dan doet hij het praten van u beiden met de koningin na.'

Henriëtte was, hoewel zij het al gedacht had, 'geïndigneerd' haar vermoeden bevestigd te zien. Toen de avonden daarna weer kippengeluiden uit de bibliotheek opstegen, lieten zij en Elise de koningin expres alleen praten. Dat middel leek te helpen, want 'zo brutaal om zijn eigen vrouw na te tokken, was hij toch niet'.

Zo scheerden koning, koningin en hovelingen langs elkaar. De koning leed ondertussen onder het gevoel dat hij geen vat had op zijn omgeving. Hij vermoedde dat er tegen hem werd samengespannen. Daarom zat hij vaak in zijn kabinetje, dat uitkeek op het voorplein van Het Loo. Door te observeren wie er met wie ging wandelen, dacht hij meer inzicht te kunnen krijgen in de mogelijke coalities die binnen de muren van zijn paleis werden gesmeed. Omdat Henriëtte en haar collega's wisten dat de koning daar zat, vertrokken ze meestal niet met zijn allen door het grote hek, maar spraken ze ergens af waar de koning hen niet kon zien. En op de terugweg namen ze de achteringang. Soms zat de koning dan een hele middag vruchteloos te 'loeren' in zijn kabinetje, terwijl iedereen allang weer binnen was.

ZONDER KONING GEEN LEVEN

Henriëttes minachting voor de koning groeide met de dag. Hij gedroeg zich zo vreemd dat ze zich voor hem schaamde. Hij was tenslotte wel haar koning. Willem III was de verpersoonlijking van de 'lege huls' van het moderne koningschap: hij trad op met veel bombarie, maar presteerde niets.

Als hij op jacht ging, nam hij een groot gevolg mee, inclusief een brigadier om eventuele stropers in te rekenen. Maar bij terugkomst was zijn buit 'één ekster'. Hij had zijn architect, Eberson, speciaal naar Het Loo laten komen voor een paleis dat hij wilde bouwen. Maar toen hem werd gevraagd waar dat paleis dan zou komen te staan, antwoordde hij: 'Oh, dat weet ik niet.' 'Op die manier' had hij volgens Henriëtte 'al een onnoemelijk aantal paleizen gebouwd'. Tijdens een diner luisterde Henriëtte met gekromde tenen naar een toast van de koning voor legergeneraal Van der Heyden, die hij met letters 'zoo groot als de cijfers op een scheurkalender' had opgeschreven, 'en nog bleef hij tusschenbeide in zijn voorlezen steken'.

En toch deed iedereen, Henriëtte incluis, altijd zijn best om bij deze geminachte baas in een goed blaadje te komen. Elke hoveling was dolblij als de koning speciaal aardig tegen hem of haar deed, terwijl het gevoel uit de gunst te zijn kon leiden tot hevige depressies. Dan was het opeens heel eenzaam aan het hof. Geen collega die je te hulp schoot. Hoe saamhorig de leden van het hofpersoneel ook leken en hoe krankzinnig de koning ook deed, als iemand werd 'geslacht' – en dat kwam nogal eens voor – keek de rest de andere kant op.

Henriëtte was in het voorjaar van 1880 erg populair bij de koning, schreef zij enthousiast aan haar moeder. Hij sprak haar voortdurend aan. Maar particulier secretaris Dumonceau trof het minder gelukkig. 'De koning heeft gisterenavond aan tafel geen woord tegen hem gezegd. De arme man stond na het eten met een zeer ongelukkig gezicht in de vensterbank, terwijl de Koning met den rug naar hem toe zeer druk met de andere heeren sprak.' Geen van de andere heren ging bij Dumonceau staan. Hij was 'besmet'.

Met Dumonceau kwam het weer goed, maar met stalmeester Arthur de Posson niet. Op zijn twaalfde was hij als page bij Willem II begonnen, en sindsdien had hij zijn leven geheel aan de koning gewijd, veertig jaar lang. In het voorjaar van 1880 viel hij in ongenade. Toen hij twee jaar later ontslag moest nemen – hoger hofpersoneel werd niet ontslagen, maar kreeg de dringende raad zelf ontslag te vragen – spraken zijn collega's onderling hun verontwaardiging uit over zoveel onrecht. Maar daar bleef het bij. Henriëtte vermoedde dat De Posson Den Haag 'voorgoed zal verlaten'. En niemand die het in zijn hoofd haalde om een dergelijke outcast nog eens een kaartje te sturen.

Henriëtte was van het ontslag van De Posson, eind 1882, onder de indruk, omdat ze er de zomer daarvoor zelf ook bijna aan had moeten geloven. Wat er precies was voorgevallen is niet uit haar brieven op te maken, maar duidelijk was wel dat de koning zich zo onbeleefd had gedragen, dat Henriëtte en Elise geen andere mogelijkheid zagen dan hun ontslag in te dienen. Zelfs de koningin, die haar hofdames graag wilde houden, vond dat zij geen andere keus hadden. 'De koning scheen zoo ontevreden over onze diensten te zijn, dat hij ons niet behandelde met die achting en die egards waar wij als vrouwen en als hofdame van HM aanspraak op meenden te mogen maken,' schreef Henriëtte.

Als Henriëtte haar hart zou volgen, schreef ze aan haar moeder, dan zou zij uit liefde voor de koningin alles wel willen verdragen. Maar Elise was vastbesloten om wel ontslag te vragen, dus had zij geen keus. Anders zou iedereen zeggen: 'Freule Van Ittersum, dat is een vrouw die weet wat haar toekomt. Maar freule Van de Poll, dat is een meisje dat zich maar alles laat zeggen en doen. Die heeft zeker een ongelukkig thuis, dat zij zoo à tout prix haar positie wil houden.' Haar ouders zouden hiervan de dupe worden, zo verzekerde Henriëtte haar moeder. De mensen zouden namelijk zeggen: 'Wat zijn dat voor ouders die dat maar stil laten gaan?' Volledig in de war schreef ze desondanks: 'U moet niet denken dat ik gemonteerd ben. Ik ben zeer kalm en voorzie alle onaangenaamheden van een plotseling vertrek.' Wel dacht ze af en toe: 'Was ik maar stilletjes t'huis gebleven, waar ik het zoo goed had, en maar nooit hofdame geworden.'

Dumonceau probeerde de zaak te sussen. Het was niet de eerste keer dat hij te maken had met mensen die zich door de koning beledigd voelden. Hij vond dat de ouders van de hofdames geen ontslag moesten vragen, maar bij de koning moesten informeren naar de 'redenen van zijn ontevredenheid' en, als die redenen er niet waren, hem moesten vragen zijn gedrag te veranderen. Maar de koningin, De Ranitz en Henriëtte dachten dat dit de situatie niet zou verbeteren.

Toen Fredrik Harman 's ochtends de brief van zijn dochter ontving, werd in Huize Beek en Royen de noodtoestand van kracht. Ontslag van Henriëtte aan het hof was voor de familie nog ongunstiger dan wanneer zij helemaal nooit voor de functie van hofdame zou zijn gevraagd. De eer van hun oudste dochter zou van de ene dag op de andere omslaan in vernedering. Wat zou Fredrik Harman de mensen in Zeist moeten vertellen? Fredrik Harman reisde spoorslags af naar Den Haag, waar hij een gesprek had met Dumonceau, die hem aanraadde om niet meteen ontslag te vragen. Daarop reisde hij naar Baarn, waar hij de begrafenis van een tante moest bijwonen, en daarna weer door naar Het Loo in Apeldoorn, voor spoedoverleg met zijn dochter. Henriëtte wist hem ervan te overtuigen dat wel ontslag gevraagd moest worden. Het feit dat De Ranitz en de koningin dat ook vonden, woog zwaar. Fredrik Harman schreef de ontslagbrief.

De volgende dag gaf De Ranitz de brieven van de ouders van Elise en Henriëtte aan de koning, die ze las met een 'vuurrood' gezicht. De Ranitz, die de brieven vergezelde van een persoonlijk pleidooi voor de hofdames, werd onmiddellijk teruggestuurd om Henriëtte en Elise te zeggen dat de koning niet bereid was om het ontslag te verlenen. Het moment waarop De Ranitz aan haar deur klopte, zou Henriëtte 'nooit vergeten,' schreef ze aan haar zuster Louise. Met ongeduld wachtte ze daarna op het diner dat tegen alle verwachtingen in 'zeer goed' verliep. De koning was 'helemaal veranderd' en gedroeg zich 'zeer beleefd'. Voordat Henriëtte naar bed ging, liet de koningin haar nog even bij zich komen om te zeggen hoe blij ze was dat alles zo goed was verlopen. De crisis was overwonnen, de eer was gered.

Het weigeren van een ontslag was de diepste kniebuiging die de koning maakte. Voor Henriëtte was het een overwinning, die haar veel zelfvertrouwen gaf. Zoals gelovigen niet aan God vragen om uit te leggen waarom een aardbeving moet plaatshebben, zo vroeg het hofpersoneel niet om uitleg aan de koning. En zoals gelovigen Gods naam hooghouden, zo hield het hofpersoneel de naam van de koning hoog. Het 'aardige van dit hof,' filosofeerde Henriëtte, was dat 'men onder elkaar alles vrij bespreekt, maar nooit iets buiten af vertelt'. Aan haar ouders schreef Henriëtte alles alleen in de vaste overtuiging 'dat niets oververteld wordt'. Zij herinnerde haar moeder regelmatig aan de zwijgplicht: 'Lieve mama, u past toch wel op van zulke soort van dingen nooit iets over te vertellen'.

Tegenover de buitenwereld moest de schijn worden opgehouden van een majestueuze koning. In ieders belang. Want zoals Nederland zonder koning geen koninkrijk was, zo was Henriëtte zonder koning geen hofdame. En wie was Henriëtte dan nog? Toen Dumonceau op een dag begon te fantaseren hoe het zou zijn als de koning niet zou bestaan, gaf Henriëtte hem dan ook meteen te verstaan dat niemand daar iets mee zou opschieten. Dumonceau: 'Mevrouw, zouden wij hier niet ontzettend kunnen genieten als de koning er niet zou zijn?' Henriëtte: 'Ja, mijnheer – maar ik denk altijd, dat zonder de koning u noch ik hier zou zijn.'

'DAAR HEB JE FREULE VAN DE POLL'

De koning en de koningin waren het centrum van Henriëttes leven. Maar dat kwam ook omdat iets anders zo belangrijk voor haar was: slagen in de ogen van haar ouders. Bijna dertig jaar oud, hield ze hen bij alles wat zij deed in gedachten. 'Als ik weer eens thuis geweest ben en u alles verteld heb, en vooral als u dan goed vindt wat ik gedaan heb, dan heb ik zulk een heerlijk gevoel,' schreef zij aan haar moeder. En haar ouders vonden het goed wat zij deed. Sinds Fredrik Harman Henriëtte had uitgezwaaid, waren zijn verwachtingen meer dan uitgekomen. Hij genoot met volle teugen van de koninklijke zegen die via Henriëtte werd doorgestraald naar Zeist. Iedereen in Zeist wist inmiddels dat de dochter van Van de Poll 'aan het hof' was.

Dat was ook na Thorbeckes ingreep in het staatsrecht nog van betekenis. Of misschien juist dankzij die ingreep. De koning had zijn politieke macht verloren, maar kon zich daardoor onttrekken aan de verscheurende maatschappelijke strijd die eind negentiende eeuw in Nederland woedde – de emancipatiedrang van de katholieken, de roep om verbetering van de slechte sociale omstandigheden, de strijd om uitbreiding van het kiesrecht en het bijzonder onderwijs. Het Koninklijk Huis was te midden van dit sociale geweld een baken van rust, een onschendbaar heiligdom en het laatste bastion waar de oude elite de oude elite kon zijn. Met ieders zegen.

Volgens ditzelfde principe werd Fredrik Harman, die maatschappelijk zelf de top niet had weten te bereiken, door zijn dochter boven het aardse geworstel uitgetild. Wie de zegen had van jonkheer Fredrik Harman van de Poll, had indirect de zegen van de koning. De personen die Fredrik Harman naar eigen zeggen nog 'hun wrevel van dichtbij hadden doen voelen' toen hij in 1875 een adellijk predikaat in de wacht had gesleept,' hielden zich nu stil. Met zijn nieuwe koninklijke aura kreeg Fredrik Harman de kans om zich uit te leven in zijn hobby, de muziek, zonder dat hij zich nog zorgen hoefde te maken over zijn status. Als voorzitter van het Koninklijk Zeister Harmoniegezelschap, dat hij na Henriëttes entree aan het hof in 1880 zelf oprichtte, kwam hij veel beter tot zijn recht dan als werknemer bij de Belastingdienst en de Verzekeringsmaatschappij Kosmos.

Ook de rest van het gezin Van de Poll plukte de vruchten van Henriëttes hofconnecties. Henriëttes jongere zuster Louise maakte in het begin van 1883 haar entree in het societyleven. Haar indirecte lijntje met de koningin gaf haar de wind in de rug op haar eerste bal in Amsterdam. Ze had, in adelsjargon, 'veel succes' onder de gasten. Dat nieuws verspreidde zich als een lopend vuurtje in het adelsnetwerk. Henriëtte kreeg van alle kanten lovende verslagen. En met die berichten plezierde zij haar moeder weer. 'Lou schijnt zich in Amsterdam goed te amuseren en op haar bal veel succes gehad te hebben,' schreef ze. 'Een zwager van een kennis vertelde me dat er op een bal een freule vd. P. geweest was, die zeer veel succes had.' 'Mevrouw Sierzputowska zeide dat zij een heel mooi toilet had er zeer lief uitzag en zich heel goed scheen te amuseeren.' Zelfs prinses Hendrik had Henriëtte erop aangesproken. Zij zei 'dat Cecile d'Yvoy zondag in Amsterdam geweest was en daar mijn zuster had zien wandelen'.

Ook Henriëttes jongere broer Frits, die rechten studeerde in Utrecht, kreeg dankzij zijn zuster speciale aandacht. Toen de koning en de koningin met Henriëtte in het najaar van 1883 Utrecht kwamen bezoeken, was het broer Frits die als vertegenwoordiger van het corps een boeket mocht aanbieden aan de koningin. De familie sprak en schreef nog lang over dit moment. Wat hij vooral goed had gedaan, rapporteerde Henriëtte naar Zeist, 'was het achteruit loopende buigende vertrekken toen het gesprek met de koning en de koningin afgeloopen was. Dat was onverbeterlijk.' Tot meerdere glorie van de familie waren plaatsgenoten van de ouders Van de Poll getuige geweest van de ceremonie. 'Zeisterschen van allerlei stand' hadden Henriëtte 'zeer speciaal' gegroet, en aan hun lippen had zij kunnen zien dat zij tegen elkaar zeiden: 'Daar heb je freule Van de Poll.'

Toen Henriëttes jongste broer Willem slaagde voor zijn examen op de Koninklijke Militaire Academie in Breda, was koningin Emma een van de eersten die het hoorde. Ze keek 'zoo verheugd alsof het haar eigen broer betrof'.

Maar op niemand maakte de 'nieuwe familie' van Henriëtte aan het hof zoveel indruk als op Henriëttes middelste broer André, die in september 1882 begon met zijn studie aan de Technische Hogeschool in Delft. Toen hij Henriëtte op 16 september 1882 op het station Holland Spoor in Den Haag zag aankomen met de koninklijke trein vanuit Apeldoorn, liepen de rillingen van opwinding hem over de rug. 'Koude stralen,' noemde hij dat. De aankomst was in alle kranten aangekondigd, zodat André te midden van een juichende menigte stond toen de koning en de koningin uit de trein stapten. Met direct achter hen Henriëtte. André kreeg 'tranen in de oogen van pleizier', toen hij zijn zuster zag. Maar toen hij zijn hoed af had genomen en 'hoera' wilde roepen voor de koning, kwam er door alle emotie geen geluid uit zijn keel.

André was altijd de gevoeligste geweest in het gezin Van de Poll, of althans degene die het minst bedreven was in het verbergen van zijn gevoelens. Hij was Henriëttes tegenpool. Misschien was ze daarom zo op hem gesteld. Dat hij een beslissende invloed zou hebben op de loop van haar leven, kon zij toen nog niet vermoeden.

4 *De kinderkamer*

EEN 'GROOT VERZUIM'

In één opzicht was Fredrik Harman de koning de baas. Hij had zeven volwassen kinderen en de koning nog maar een: de ziekelijke kluizenaar Alexander, van wie niemand verwachtte dat hij ooit de troon zou bestijgen.[1] Het begon ernaar uit te zien dat de cynici die voorspelden dat de Nederlandse tak van Oranje Nassau aan het eind van de eeuw zou zijn uitgestorven, gelijk kregen.

Maar toen werd op 31 augustus 1880 prinses Wilhelmina geboren.

In heel Nederland werd feestgevierd. Alleen binnen de paleismuren was er minder ruimte voor vrolijkheid. Toen Henriëtte op 31 januari 1880 naar het hof was vertrokken, dacht ze dat ze het grote leven tegemoet ging. Het echte leven. Maar het echte leven bleek aan het hof juist voortdurend te worden overschaduwd door schijnbare details. Kwesties van leven of dood werden verdrongen door prangende vragen als 'Wat dragen we? Wat zeggen we? En wie nodigen we uit?' De plichten van het koninklijke leven gingen vóór het persoonlijke leven. Die wet moest iedereen aan het hof aanvaarden.

Al voor de geboorte werd Emma in beslag genomen door heel andere dingen dan de komst van haar baby. De dag voor haar bevalling vergaderde ze met haar hofdames over de vraag welke toiletten zij aan moesten bij de doop. Sinds weken werd ze gekweld door een nog veel grotere zorg. Hoe kon ze tijdens de bevalling haar grootmeesteres Leopoldina van Hogendorp op afstand houden?

De koningin had al in een vroeg stadium van haar zwangerschap gemerkt dat Leopoldina van Hogendorp ervan uitging dat ze bij het baren aanwezig mocht zijn. In de hofhiërarchie draaide alles om nabijheid, en voor Leopoldina's positie in 'de wereld' was die nabijheid cruciaal. Een van haar wapenfeiten was dat zij aanwezig had mogen zijn bij het huwelijk van Emma en Willem III in het Duitse Arolsen. Inhakend op de traditie dat de hoogste hovelingen moesten verifiëren of kinderen daadwerkelijk door de koningin werden gebaard, vond zij haar aanwezigheid bij de bevalling hierop een logisch vervolg.

Emma moest er echter niet aan denken te bevallen met mevrouw Van Hogendorp aan haar zijde. Ruim een maand voordat Wilhelmina werd verwacht, tobde ze er al over 'hoe zij toch doen zal om mevrouw Van Hogendorp uit de kraamkamer te houden'. Deze zorg werd voor Emma, die de moed ontbeerde om zich te uiten, een obsessie. Strak opgevoed om zich te beheersen, gingen gevoelens bij haar ondergronds, waar ze vaak aanzwollen tot buiten proporties.

Het gedrag van mevrouw Van Hogendorp werkte haar al zo lang op de zenuwen. Ze deed altijd zo emotioneel, zei altijd precies wat ze dacht. Dat was aan het hof helemaal niet de bedoeling. Emma vond haar wel erg 'hartelijk', maar ervoer de natuurlijke, rechtstreekse manier waarop mevrouw Van Hogendorp iedereen benaderde ook als een bedreiging. Het leek wel alsof zij nooit had geleerd om zichzelf in toom te houden, zich aan te passen. Dat had natuurlijk alles te maken met de enorme status die haar familie in het land nu eenmaal had. De Oranjes hadden hun positie min of meer aan haar grootvader en die van haar echtgenoot te danken. Wat hoefde zij, met een dergelijke achtergrond, anders te zijn dan zichzelf?

Toch zou mevrouw Van Hogendorp merken dat de wereld aan het hof zo niet in elkaar zat. Want wie van adel was, hoe hoog ook, was nog niet van Oranje. Om te overleven aan het hof, moest je een fijne antenne hebben voor wat de koning en de koningin van je wilden. En dat moest je hun geven. Jezelf zijn deed je alleen buiten hun gezichtsveld. Henriëtte had die technieken beter onder de knie dan mevrouw Van Hogendorp. Na talloze vruchteloze toespelingen, die Leopoldina zoals gewoonlijk niet begreep, vertelde Emma haar eindelijk maar onomwonden dat zij niet welkom was op het paleis als het kind werd geboren. De dagen daarna zag Leopoldina er 'zeer slecht' uit. Ze kreeg zelfs koorts. 'Ik geloof dat die hele hofboel haar vreeslijk agiteert,' schreef Henriëtte.

Als tegemoetkoming werd ten slotte besloten dat mevrouw Van Hogendorp tijdens de bevalling dan wel op het Noordeinde aanwezig mocht zijn, zij het in een andere ruimte. Een flinke concessie van de koningin, want het leverde haar een 'doodelijken angst' op dat mevrouw Van Hogendorp 'den geheelen tijd aan den kraamkamer gaat tikken om te hooren hoe het gaat'. Henriëtte moest beloven dat zij en Elise mevrouw Van Hogendorp tijdens de bevalling 'kalm' zouden houden. Emma kreeg spijt van haar besluit, want een dag voordat de bevalling was begonnen was Leopoldina al niet meer te houden. Ze stuurde voortdurend briefjes aan de koningin met vragen over haar toestand. 'Ik had toch beloofd dat ik haar zou waarschuwen? Waarom houdt ze zich niet rustig? Dit heeft geen enkele zin,' klaagde Emma tegenover Henriëtte.

In de vroege ochtend van 30 augustus werden de hofdames eindelijk gewekt met het nieuws dat de weeën waren begonnen. Mevrouw Van Hogendorp was op weg naar het paleis. Zoals ze de koningin hadden beloofd, voegden Henriëtte en Elise zich zo snel mogelijk bij de grootmeesteres. De hele dag zaten ze met zijn drieën te wachten in een van de salons. Toen ze 's avonds de benen maar eens strekten in de paleisgang, wachtte hun een schok. Een 'werkvrouw' die zij tegen het lijf liepen, vroeg of ze het al hadden gehoord. Er was een prinsesje geboren!

De vreugde van dit bericht viel volledig weg tegen de pijnlijke informatieachterstand, die door twee baronessen en een freule zo zichtbaar was opgelopen ten opzichte van een werkvrouw. Elise was woedend. Toen Schimmelpenninck even later het 'blijde nieuws' alsnog officieel kwam brengen, kreeg hij van haar meteen de wind van voren. Henriëtte hield zich in, al vond zij het slordige communicatiebeleid 'stellig een groot verzuim'. Elise had 'au fond' gelijk, vond ze, 'maar het maakte mij een zeer onaangenamen indruk dat op een ogenblik dat iedereen dankbaar en gelukkig moest zijn dat alles zoo goed afgeloopen was, zulk een verzuim tegen de etiquette de vreugde kwam storen'.

Die avond wilde mevrouw Van Hogendorp niet naar huis, waar het bericht van het debacle haar vooruit was gesneld. Zij vroeg Henriëtte of zij nog wat bij haar op de kamer mocht blijven zitten.

KRAAMVISITE

Na de geboorte van Wilhelmina moest de lawine van felicitaties in goede banen worden geleid. Mevrouw Van Hogendorp had in Den Haag overal rondgestrooid dat men kon komen feliciteren. Dat was niet aan dovemansoren gezegd. Sommige dames kwamen twee keer en er waren er volgens Henriëtte zelfs bij 'die plan hebben iederen dag hier te koomen'. De koningin was geïrriteerd toen ze hoorde welke sociale kermis zich in haar paleis afspeelde. Ze had dit 'volstrekt niet bedoeld', maar het was al te laat om iedereen af te zeggen. 'U weet niet wat het is om van één tot vijf uur altijd hetzelfde te moeten vertellen,' verzuchtte Henriëtte.

Terwijl in Den Haag de 'vlaggen bij honderden de zoldervensters uit' vlogen,[2] vond in het paleis een nerveuze wedloop plaats rond de vraag wie het prinsesje als eerste te zien zou krijgen. Alle ogen waren gericht op grootmeesteres Van Hogendorp, die daarvoor het eerst in aanmerking kwam. Maar ze werd niet geroepen. Dat was voor haar een 'groot verdriet'. De 'Haagsche wereld' was er volgens Henriëtte 'in één indignatie over'. De enige troost was dat voorlopig niemand anders de baby te zien kreeg, omdat de koning dat om onopgeklaarde redenen niet wilde. De buitenwereld wist daar niets van.

Toen de koning een dag na de geboorte aangifte deed, stond hij er juist op dat de aanwezige ministers zijn dochter goed bekeken. Volgens biograaf Cees Fasseur werd 'de jonggeborene op uitdrukkelijk verlangen van de trotse vader aan het gezelschap getoond'. Maar die ministers waren voorlopig de laatsten die het kind te zien kregen. Intern vaardigde Willem III namelijk een decreet uit dat niemand behalve de ouders en verzorgsters een blik op zijn baby mocht werpen. Henriëtte, die dagelijks bezoek ontving voor een baby die zij zelf niet kende, vond het 'wel een vervelend idee dat er zoo'n allerliefst kindje in huis is waar men niets van merkt'.

Ook Emma vond dat. In het diepste geheim rebelleerde zij. Buiten weten van de koning gaf zij haar hofdames na twee weken 'het groote voorrecht' om haar en het prinsesje vijf minuten te bezichtigen. Hiermee maakte zij de positie van mevrouw Van Hogendorp nog veel hachelijker, want zij werd nu ook nog gepasseerd door ondergeschikten. Waarom het allemaal 'zoo vreemd gaat' was Henriëtte een raadsel. Maar de koningin om uitleg vragen was uit den boze. Bij binnenkomst van Henriëtte en Elise lag de koningin met haar kindje op een chaise longue. Zij zag er goed uit en was 'allervriendelijkst en hartelijk'. Ze gaf Henriëtte een hand en een zoen. Wilhelmina was 'snoezig met de oogjes open, zonder mutsje'.

Henriëtte was verguld met dit exclusieve bezoekje, maar voelde zich in het gezelschap van mevrouw Van Hogendorp daarna niet meer op haar gemak. Stel dat ze zou vragen of zij de baby al had gezien! Wat moest ze dan zeggen? Mevrouw Van Hogendorp werd toch al zo uitgelachen. Gelukkig kwam de vraag niet in Leopoldina's hoofd op. Pas op 19 september, drie weken na Wilhelmina's geboorte, kwam aan haar sociale marteling een einde. Toen mocht ze het prinsesje eindelijk komen bekijken.

De koning hield verder strikt vast aan zijn merkwaardige decreet. Eind oktober, twee maanden na Wilhelmina's geboorte, had nog geen enkele man aan het hof behalve de koning zelf een blik op de baby kunnen werpen. De Ranitz vroeg ironisch aan Elise of zij niet eens een 'audiëntie' voor hem kon aanvragen bij de kleine prinses. 'Want,' zei hij, 'als ik haar nu eens tegenkom, dan kan ik haar niet groeten, daar ik nog niet aan haar voorgesteld ben.'[3]

Mogelijk was hij jaloers op alle aandacht die naar het kind uitging. En niet zonder reden. De plichtbewuste Emma had immers voor het eerst iets wat zij belangrijker mocht noemen dan haar koninklijke echtgenoot – haar kind, dat naar alle verwachtingen op een dag de troon zou bestijgen. Het krijgen van een kind gaf Emma ten opzichte van haar man meer autonomie. Dat werd al snel zichtbaar. Na haar stiekeme invitatie aan de hofdames vertoonde Emma begin november nog sterkere tekenen van ongehoorzaamheid aan Willem III. Zij wilde haar kind nu ook aan de hofheren van de koning tonen.

Elise was voorstander van dat plan, en wel om roddels in 'de wereld' te voorkomen. Als niemand het kind mocht zien, zou men kunnen gaan denken dat er iets aan het kind mankeerde. Maar Henriëtte was het niet met haar eens. Zij vond het 'vreeslijk verkeerd'. Het kind was 'van den Koning zoo goed als van Haar en om dat buiten weten van de Koning te vertonen aan de heeren die in dienst van den Koning zijn, dat kan volgens mij onmogelijk'. De hofheren zelf wilden het kind absoluut niet zien. Als de koning te weten kwam dat zij achter zijn rug om zijn kind hadden bekeken, zouden de gevolgen niet te overzien zijn. Van alle kanten werd Emma ontraden haar plan door te zetten. Bezorgd besprak het hofpersoneel daarna met elkaar of het 'op den duur wel goed zal gaan met Haar en den koning'.

Ondanks alle raadgevingen betrapte Henriëtte haar meesteres op 11 november, bijna tweeënhalve maand na de geboorte van Wilhelmina, op heterdaad. Het was al bijna te laat. De koning was uit wandelen, Emma had haar kind in de armen en stond op het punt om ermee naar de hofheren te gaan. Als een exhibitionist die zich wil tonen aan onwillige toeschouwers. In deze noodsituatie was Henriëtte de enige die nog kon ingrijpen. Zij schraapte alle moed bij elkaar en zei streng tegen de muitende koningin 'dat het beter was als zij het maar niet deed'. Na een spannend moment zag Henriëtte dat ze autoriteit had over haar bazin. Emma legde het kind weer terug in de wieg.

KONINKLIJKE KINDERWAGEN

De complicaties rond het tonen van de baby waren nog maar het begin van een lange reeks moeilijkheden die niet werden veroorzaakt door het kind zelf, maar door de wereld om haar heen. Het nieuwe koninklijke leven vergde de inrichting van een geheel nieuw subhof, waar men vanuit het niets weer rangen en standen moest bepalen. In het land circuleerden ansichten met daarop lieflijke foto's van Emma, domweg gelukkig met haar kind. Maar de werkelijkheid was anders.

Emma was doordrongen van het feit dat in het wiegje behalve een baby'tje ook een toekomstige koningin lag, de redding van de monarchie. Zij zag haar moederschap als een gewichtige politieke taak en dat gewicht ontnam haar veel vreugde. Voor het kind werd een driekoppige staf aangesteld van een min, een baker en een kinderjuf; en bovendien nog een lakei. De broer van Elise, Arend van Ittersum, keek tijdens een bezoek aan zijn zuster op van het grote gevolg dat hij achter de koninklijke kinderwagen aan zag lopen. 'Drie bakers! Dat is veel te veel!' riep hij. Henriëtte moest 'vreeslijk lachen'.

Juist omdat ze haar taak zo zwaar opvatte, kon Emma het nauwelijks opbrengen om de verzorging van haar kind te delegeren. 'De menschen vinden dat de koningin zich veel te veel zelf met het kind bemoeit,' noteerde Henriëtte. Emma ontwikkelde een obsessieve aandacht voor degenen die haar natuurlijke taken overnamen. Te beginnen met de min. Had die wel genoeg melk? Groeide Wilhelmina wel genoeg? Na lang tobben besloot de koningin dat de min moest worden vervangen. Maar noch zij, noch iemand anders durfde dat de min te vertellen. Ook niet toen er al een vervangster uit Elspeet voor haar was besteld.

'Het arme mens weet nog volstrekt niet wat haar boven het hoofd hangt,' schreef Henriëtte. De koningin was 'vreeslijk bang voor scènes' en niet ten onrechte. Dat de min het prinsesje had mogen voeden, was een geweldige eer geweest. Maar nu zij dat prinsesje kennelijk niet kon bieden wat het verlangde, was die eer veranderd in diepe vernedering. In tranen kwam ze van iedereen afscheid nemen, ook van Henriëtte, die nog nooit een woord met haar had gesproken. Voor Henriëtte was zij een naamloze.

Voor het hebben van namen bestond een ondergrens qua status. Een min was een min, zoals een lakei een lakei was en een kok een kok. Het noemen van namen begon ergens in de buurt van de kamervrouw van de koningin, die mevrouw Kreusler heette, en de conciërge van het Loo, die Avink heette. Het verzoek van de min om afscheid van de koning te mogen nemen werd geweigerd, en iedereen slaakte een zucht van verlichting toen de vrouw met al haar emoties het paleis uit was.

PRETENTIES

Emma richtte haar pijlen nu exclusief op een andere verzorgster, de gouvernante Louise Besier. Er kwam een moment dat zij over niets anders meer kon praten dan over 'La Besier' en alles wat zij verkeerd deed. De gouvernante was afkomstig uit een gegoede familie, maar niet van adel. Haar aanstelling aan het hof was dus een grote eer. Misschien een beetje te groot, dacht Emma. Toen zij de indruk kreeg dat Besier zich 'te deftig vond of er vies van was het kind schone luieren aan te doen', besloot zij in te grijpen. 'Louise, geef mij de luier eens,' zei de koningin op een dag, waarna zij het kind ostentatief zelf verschoonde. De boodschap kwam aan, volgens Henriëtte. 'Nu vindt juffrouw Besier het ook niet meer beneden haar waardigheid.'

Maar de ergernis bleef. Emma vond bijvoorbeeld dat Besier te weinig zorg had voor de mooie jurkjes van Wilhelmina die zij 'maar zoo in de wasch stuurde'. 's Morgens lag Besier vaak tot negen uur in bed; en als de baby 's nachts huilde, riep zij de min om haar weer stil te krijgen. Tot Emma's verontwaardiging sprak zij bovendien nooit van 'het princesje', maar van 'het kind', en zei ze tegen de koninklijke baby gewoon 'jij' in plaats van 'u'.

Tot overmaat van ramp liet Besier zich op een dag tegenover Emma ontvallen dat haar moeder 'een inkomen [heeft] van 50.000 gulden'. Zij wilde waarschijnlijk indruk maken op de koningin, en dat lukte ook, maar niet op de manier die ze voor ogen had. Emma werd extra wantrouwig door het astronomische bedrag dat haar gouvernante daar noemde. Dat meisje dacht zeker dat ze heel wat was. Bovendien: over geld praat je niet, dat wist iedereen in adellijke kring. 'Vertelt u dit toch tegen niemand!' schreef Henriëtte voor de zekerheid dan ook aan haar moeder.

Besier wist blijkbaar niet hoe belangrijk het was om je aan het hof bescheiden op te stellen. Door haar 'pretenties', redeneerde Henriëtte, 'zal zij het moeilijke van haar positie nog meer voelen'. Zij had medelijden met dat arme mens 'dat zoo nergens bij hoort'.

Maar heel ver ging dat medelijden niet. Toen Besier aan de koningin liet doorschemeren dat ze graag meer contact wilde hebben met Henriëtte en Elise, ontmoedigde die dat 'uit vrees dat zij zich gelijk zou stellen'. Henriëtte protesteerde niet toen de koningin haar dat vertelde.

Zoals gewoonlijk durfde Emma Besier niet rechtstreeks te corrigeren. Ze zorgde dat haar kamervrouw, mevrouw Kreusler, haar aan het verstand bracht dat zij de baby moest vousvoyeren. Tegen Henriëtte en Elise zei ze bang te zijn dat Besier haar anders 'stilletjes zou hebben uitgelachen'. Henriëtte en Elise concludeerden daarop dat de koningin eigenlijk 'bang' was voor Besier.

De kwestie sudderde lang door. Iedereen praatte over Besier, maar niemand met haar. De koningin had de 'moed' niet haar weg te sturen, en zelf wilde Besier 'volstrekt niet weg'. Ten einde raad hield Emma 'een lange conferentie' met haar ceremoniemeester, J. van Bronkhorst, die familie was van Besier. Kon hij haar er niet toe bewegen ontslag te vragen? Elise verzuchtte: 'Hoe kunnen de menschen toch zoo zeuren? Ik ken maar twee wegen, ja of neen.'

Het waren uiteindelijk fysieke haperingen die het lot van Besier bezegelden. Door 'bloedarmoede en zenuwen' kreeg ze last van rug- en hoofdpijn. Doktoren verklaarden dat het voor de kleine Wilhelmina 'op den duur niet goed was altijd te zijn met iemand wiens zenuwgestel zoo geschokt was'. Dat was voor Emma het laatste duwtje dat zij nodig had om zich van haar kinderjuf te ontdoen. Niet zij, maar Dumonceau bracht haar het slechte nieuws. 'De goede man is hier toch maar onbetaalbaar,' vond Henriëtte.

ZORGEN

Henriëtte bekeek Besiers val vanuit een veilige positie, tot die val ook voor haar gevolgen bleek te hebben. Zij schrok er 'geducht' van toen Dumonceau haar begin december vroeg of zij de positie van Besier wilde overnemen. Hoewel de koningin weleens toespelingen had gemaakt op haar geschiktheid voor de functie, had Henriëtte niet gedacht dat zij het haar zou durven vragen. De overstap van hofdame naar gouvernante betekende namelijk een flinke degradatie. Elise noemde het verzoek van de koningin aan Henriëtte zelfs een 'beleedigende propositie'.

Uit het verzoek van koningin Emma aan Henriëtte bleek dat zij haar hofdame eigenlijk niet kende. Anders had zij geweten dat Henriëtte een dergelijke verlaging van haar status onmogelijk kon accepteren. Want wat had Henriëtte voor die status niet al allemaal gedaan? Ze had haar geliefde familie verlaten, (voorlopig) afgezien van een huwelijk, van een eigen leven en van een eigen 'thuis'. Allemaal met dat ene doel van koninklijke status te verwerven. Op die voorwaarde stond ze altijd klaar voor de koningin.

Kennelijk speelde ze haar nederige rol zo overtuigend, dat de koningin was gaan denken dat Henriëtte alles echt voor háár deed. En dat Henriëtte dus alles zou doen wat zij haar vroeg. In werkelijkheid leek Henriëtte veel meer op de 'pretentieuze' Louise Besier dan Emma besefte. Net als haar collega's was Henriëtte aan het hof omdat zij en haar familie daar status aan ontleenden. Het enige verschil tussen degenen die aan het hof overleefden en 'La Besier' was dat de eersten beter geschoold waren in het camoufleren van hun motieven.

Dumonceau probeerde Henriëtte er nog van te overtuigen dat het wel heel mooi was om als kinderjuf gevraagd te worden. Henriëttes positie zou 'in het oog der wereld' misschien verminderen, maar in werkelijkheid niet, omdat de koningin, 'door haar zorg te verlangen voor het liefste dat zij had', Henriëtte juist 'groote eer en vertrouwen bewees'. Maar Dumonceau vergat dat als er één plaats in de wereld was waar de werkelijkheid minder belangrijk was dan de schijn, dit het hof was en dat Henriëtte wat dit betreft niet op haar achterhoofd was gevallen.

Henriëtte vroeg zich af hoe zij haar weigering aan de koningin kon overbrengen zonder daarbij zelf beschadigd te raken. Als de koningin aan haar bescheidenheid ging twijfelen, zou dat moeilijk te repareren zijn. Om uitstel te krijgen, zei ze tegen Dumonceau dat ze geen besluit kon nemen 'zonder vooraf mijn ouders geraadpleegd te hebben'. Uiteraard luidde het advies van haar geschrokken vader 'doe het niet'. De dagen die ze moest wachten op de retourpost gebruikte Henriëtte om na te denken over hoe ze haar weigering zou inkleden. Ze zou de koning als excuus opvoeren, de koning die haar een maand eerder nog had nagetokt alsof ze een kip was. Dat incident was nu opeens nuttig. Ze vond het trouwens ook werkelijk een bezwaar om een kind 'achting en liefde' te leeren voor een vader 'van wien men zelf een soort van afschuw heeft'.

De koningin wist hoe geldig dat excuus was. Tijdens het gesprek waarin Henriëtte haar het nieuws bracht, liepen bij Emma de tranen over de wangen. Ook later op de dag nog zag de koningin er 'zeer behuild' uit. Volgens Dumonceau was het 'wel hard voor de koningin telkens weer te moeten ondervinden dat het humeur van den koning een beletsel is voor zooveel dingen die zij graag wil'.

Henriëtte vond het vervelend dat ze haar bazin verdriet had moeten doen. Maar ze was blij dat ze een elegante uitweg had gevonden. Samenzweerderig schreef ze aan haar vader: 'Ik ben zoo blij dat de koning zulk een goed pretext was en dat ik daardoor alle uiterlijke bezwaren als vermindering van positie geheel in het midden kon laten.'

5 *Gecacheerde gevoelens*

Koningin Emma wilde niet voor niets graag dat Henriëtte haar kind opvoedde. Zij herkende veel van zichzelf in haar hofdame. Henriëtte kwam uit een kinderrijk gezin, net als zij. En hoewel Emma's vader koning was, was het dagelijks leven in Waldeck Pyrmont niet zo heel anders geweest dan bij Henriëtte thuis op Beek en Royen. Het hof van het piepkleine vorstendommetje Waldeck Pyrmont had weinig glamour. Bij een bezoek aan Emma's ouderlijk huis was het Henriëtte opgevallen hoe eenvoudig alles eraan toeging. Tijdens het diner waren er bijvoorbeeld geen lakeien maar 'hielpen wij elkaar met door en aangeven'.

MISVERSTAND

Allebei waren Henriëtte en Emma opgevoed in gezellige drukte, maar ook met een loodzwaar plichtsbesef. Het had hen beiden ertoe gebracht zich te geven voor de status van hun familie. Dat was de reden dat ze nu samen in het paleis woonden. Daar steunden ze elkaar in hun lot. Ze praatten samen veel over hun thuis, over hun broers en zusjes en over hun ouders.

Emma vergeleek Henriëttes relatie met haar moeder weleens met die van haar en haar eigen ambitieuze moeder, en concludeerde dan dat Henriëtte bevoorrecht was. Tijdens een bezoek aan Arolsen hoorde Henriëtte Emma tegen haar zuster zelfs zeggen dat het 'werkelijk ideaal' was zoals Henriëtte met haar ouders omging, en dat ze hoopte 'dat mijn dochter later net zoo zal zijn met mij'.

In Henriëtte zag Emma een sleutel voor de oplossing van een paar problemen tegelijk. Ze voelde zich niet in staat haar kind 'zóó op te voeden dat het niet alleen een goed mensch maar een goede koningin werd,' zei ze. Maar Henriëtte bood precies die combinatie van menselijkheid en discipline, die Wilhelmina in Emma's ogen moest worden bijgebracht. Ze was liefgehad door haar ouders, maar had van hen ook geleerd 'niet alleen voor den pret te leven'. Emma had er moeite mee de opvoeding grotendeels uit handen te geven, zoals dit van een koningin werd verwacht. Als zij haar kind over zou laten aan iemand die zij als een vriendin beschouwde, zou het toch een beetje zijn alsof zij Wilhelmina zelf opvoedde.

Maar Emma zag iets over het hoofd. Bij alle overeenkomsten tussen haar en Henriëtte was er één groot verschil. Emma was koningin, Henriëtte niet. Dat hield in dat ze eigenlijk op verschillende planeten leefden, al woonden ze in hetzelfde paleis. Henriëtte plooide zich weliswaar naar Emma's wereld, maar dat deed zij niet omdat Emma Emma was. Dat deed zij omdat Emma koningin was. Hoe persoonlijk zij ook met elkaar omgingen, de basis van hun 'vriendschap' was berekening. De hofdame diende de koningin op voorwaarde dat zij in ruil status kreeg. En de koningin gaf haar die status zolang zij bereid was zich ondergeschikt aan haar te maken.

Vanuit haar ondergeschikte positie kon Henriëtte dit mechanisme makkelijker doorgronden dan Emma. Omdat Henriëtte dagelijks een offer bracht, altijd klaarstaan voor haar bazin, moest ze zich wel meer bewust zijn van wat ze ervoor terugkreeg – terwijl Emma, als 'ontvangende' partij van Henriëttes diensten, gemakkelijk kon denken dat het allemaal vanzelfsprekend was. Het camoufleren van haar motieven om dienend te zijn beschouwde Henriëtte als een onderdeel van haar taak. En daarin slaagde ze zó goed dat ze Emma deed geloven dat ze echt alles voor haar overhad. De werkelijke reden van Henriëttes weigering om gouvernante te worden van Wilhelmina zou Emma dus nooit te weten komen.

NIVEAUVERSCHIL

De kloof tussen koningin en hofdame was voor Henriëtte beter voelbaar dan voor Emma. Zo keek Henriëtte met verbazing naar de gevoelshuishouding van haar bazin. Zelf was ze vrij goed in het 'cacheren' van haar zieleleven, maar zoals Emma die kunst verstond, dat sloeg alles. Emma had gevoelens, dat wist Henriëtte; maar als de gelegenheid daarom vroeg, kon ze die uitzetten alsof het lampjes waren. Het was een kwestie van niveauverschil. In Henriëttes adellijke wereld stond zelfbeheersing hoog aangeschreven, maar in Emma's koninklijke wereld ging men nog een stapje verder. Als het om huwelijken ging, zaten prinsessen zoals Emma al meer klem dan 'gewone' adellijke meisjes. Om de simpele reden dat er minder keus was.

Omdat er in Europa maar een paar vorstenhuizen waren, moesten jonge prinsessen er niet vreemd van opkijken als hun ouders op een dag een 'oude afgeleefde' man binnenlieten om een huwelijksaanzoek te doen. Dat zou bij Henriëtte toch niet zo snel gebeuren, hoeveel belang haar ouders ook hechtten aan status. Zoals de meesten in hun milieu gingen Henriëttes ouders ervan uit dat er behalve een zakelijk motief ook nog zoiets bestond als liefde. En zij vonden dat die ook telde, al kon liefde zeker niet altijd doorslaggevend zijn. Zo was het bij henzelf ook gegaan: Fredrik Harman had zich aangetrokken gevoeld door de adellijke afkomst van zijn vrouw, maar hij hield ook echt van haar. En zij was oprecht gevallen voor zijn vrolijke klarinetspel.

Henriëtte bekeek verbaasd, maar ook bewonderend hoe de jonge Emma zich staande hield in het eenzame huwelijk met haar gestoorde, ongenaakbare echtgenoot. Hij gunde haar geen ruimte om zich te ontwikkelen en verbood haar mee te praten over serieuze onderwerpen.

Zoals begin mei 1880, bij het dessert, toen hét nieuwe fenomeen van het moment werd besproken – het elektrische licht. De koningin vroeg zich af of elektriciteit nu veel duurder was dan gasverlichting, waarop haar echtgenoot kortaf zei: 'Oneindig veel duurder.' Toen de koningin zich vervolgens peinzend afvroeg waarom tegenwoordig de steden dan met elektriciteit werden verlicht, schreeuwde de koning door de eetzaal: 'Het lijkt mij dat je wel kunt vertrouwen op wat ik je zeg.' De koningin, Elise en Henriëtte werden van schrik alle drie 'vuurrood'. Na tafel stelde Emma 'zo gewoon mogelijk' nog enkele vragen aan haar hofdames. Maar Henriëtte zag hoe het kopje koffie 'trilde in haar hand'.

Hoewel Willem III zich voortdurend publiekelijk liet gaan, leerde toch niemand hem kennen. Omdat hij geen gelijken had, was hij niet gewend aan oprechte reacties. Misschien dat hij daarom wel zo van leer trok, op zoek naar wrijving. Maar die kwam nooit; zijn ondergeschikten waren veel te bang om hun positie te verliezen. Hoe hevig en woest de koning zich ook uitte, echt contact met anderen kwam niet tot stand. Ook niet met zijn vrouw.

Zijn relatie met haar was een toneelspel waarin wederzijds onbegrip de boventoon voerde. Willem III deed nooit zijn best om anderen te begrijpen, dus ook bij zijn vrouw niet. Emma had wel oog voor wat haar omgeving wilde, maar bediende die omgeving met zulk meesterlijk toneelspel, dat niemand erachter kwam wat haar echt bezielde. Ze wist zich perfect in te leven in haar rol van koningin en echtgenote, maar schoof haar eigen gevoelens opzij. Als de plicht voorschreef dat zij van haar man moest houden, dan hield zij van hem. Schijn en werkelijkheid, plicht en eigen wil raakten in de loop van hun huwelijk zo met elkaar vervlochten, dat zij voor niemand nog van elkaar te onderscheiden waren. Zelfs niet voor de meest intieme omstanders.

Henriëtte sloeg de dagelijkse voorstelling van het koninklijke echtpaar gefascineerd gade en concludeerde op een dag bijna vertwijfeld dat 'hoe onbegrijpelijk en onmogelijk het ook schijnt', Emma 'toch van hem houdt'. Zelf zou Henriëtte 'dood'gaan als zij 'met zulk een man moest leven'. Ze betreurde het dan ook voor haar bazin dat zij 'geen flinken jongen lieven man heeft, al was het dan maar een eenvoudigen hertog of graaf'.

Maar dat waren overwegingen uit een andere wereld. Henriëttes wereld.

ONSCHULDIGE ONDERWERPEN

In Emma's wereld was het recept voor het verdrukken van ongewenste gevoelens op zich eenvoudig: er gewoon niet over praten. Hoe ver dat kon gaan, merkte Henriëtte tijdens de bruiloft van Emma's zuster Helena, op 29 april 1882. Helena trouwde met de zoveelste goede vangst van Emma's moeder, begenadigd koppelaarster van haar dochters aan koninklijke mannen. Het betrof hier prins Leopold, de zoon van de Engelse koningin Victoria. Voor de prestigieuze bruiloft had het Nederlandse hof een halfjaar in de 'toiletzorgen' gezeten.

Al op de eerste ochtend van de dagenlange viering kregen de bruid en Emma een vreselijk bericht. Hun geliefde zuster Marie van Württemberg was zojuist bevallen van een dode dochter en lag zelf op sterven. De tijding vormde geen belemmering voor de feestelijkheden. Drie dagen lang vormde de familie van de stervende het stralende middelpunt van onder andere een galadiner op Buckingham Palace, waar de tafel was gedekt met 'zware gouden borden'; een soirée bij de prins van Wales; urenlange lunches; en een operavoorstelling.

Voor Henriëtte zou het ondenkbaar zijn door te feesten als haar zusje op sterven lag, maar Emma converseerde geanimeerd met de andere prinsen en prinsessen. Ze zag alleen wat bleekjes, vond Henriëtte. Net als de bruid die, toen zij met haar man door de feestzaal paradeerde, er volgens Henriëtte 'niet op haar avantage' uitzag. Na de glorieuze afsluiting van de derde bruiloftsdag overleed Marie.

Emma had zich volgens Henriëtte 'goed' gehouden, maar 'vreeslijke dagen' doorgemaakt. En eenmaal weer thuis was het hebben van verdriet om Marie al helemaal verboden. De koning had een hekel aan de dood, de enige die zich niet hield aan de paleisregel dat hij het laatste woord had. Een halfjaar tevoren had de dood de zoon van de conciërge van Het Loo nog meegegrist, terwijl de koning daar was. Dat had hij de bedroefde ouders haast kwalijk genomen. Hij had het er 'zoo vreeslijk op tegen iets te zien dat hem aan sterven herinnert,' dat hij had geëist de begrafenis te regelen buiten zijn blikveld. Allerlei capriolen had men moeten uithalen om het dode kind ongezien naar de lijkkoets te vervoeren. 'Zoodat men vanuit het paleis niets van de begrafenis heeft kunnen zien.'

Op dezelfde manier wilde de koning de dood van zijn schoonzusje terzijde schuiven. Het onderwerp 'Marie' was taboe. Tandenknarsend stelde Henriëtte vlak na Maries dood vast: 'Nu moet zij [de koningin] 's middags aan tafel die flauwe praatjes houden. Ik kan mij zoo begrijpen hoe moeilijk haar dit moet vallen.' Met zichtbare moeite sneed de koningin 'onschuldige onderwerpen' aan, waarna de koning de hand van zijn ongelukkige vrouw in de zijne nam, haar aankeek en zei: 'Chère ange.' Henriëtte kon het tafereel nauwelijks aanzien. 'Dan vind ik hem nog erger.'

Des te meer bewonderde ze de koningin in haar ingesnoerde rouwproces. 'De koningin is vreeslijk bedroefd, maar houdt zich goed.' Maar een paar dagen later constateerde Henriëtte: 'De koningin is niet meer in de stemming die u denkt. Zij praat weer over allerlei dingen en is weer veel opgewekter.' Ze had natuurlijk geen keus. 'Zij moet zich ook wel over haar verdriet heen zetten, want anders zou zij den Koning gauw beginnen te vervelen.'

DRUKKENDE WARMTE

Nog een verschil tussen koningin en hofdame lag in de omgang met de andere sekse. Anders dan Henriëtte stond Emma niet bloot aan mannelijke aandacht, op die van haar echtgenoot na.

Graaf Hyppolite de Villers
(Privécollectie graaf de Villers)

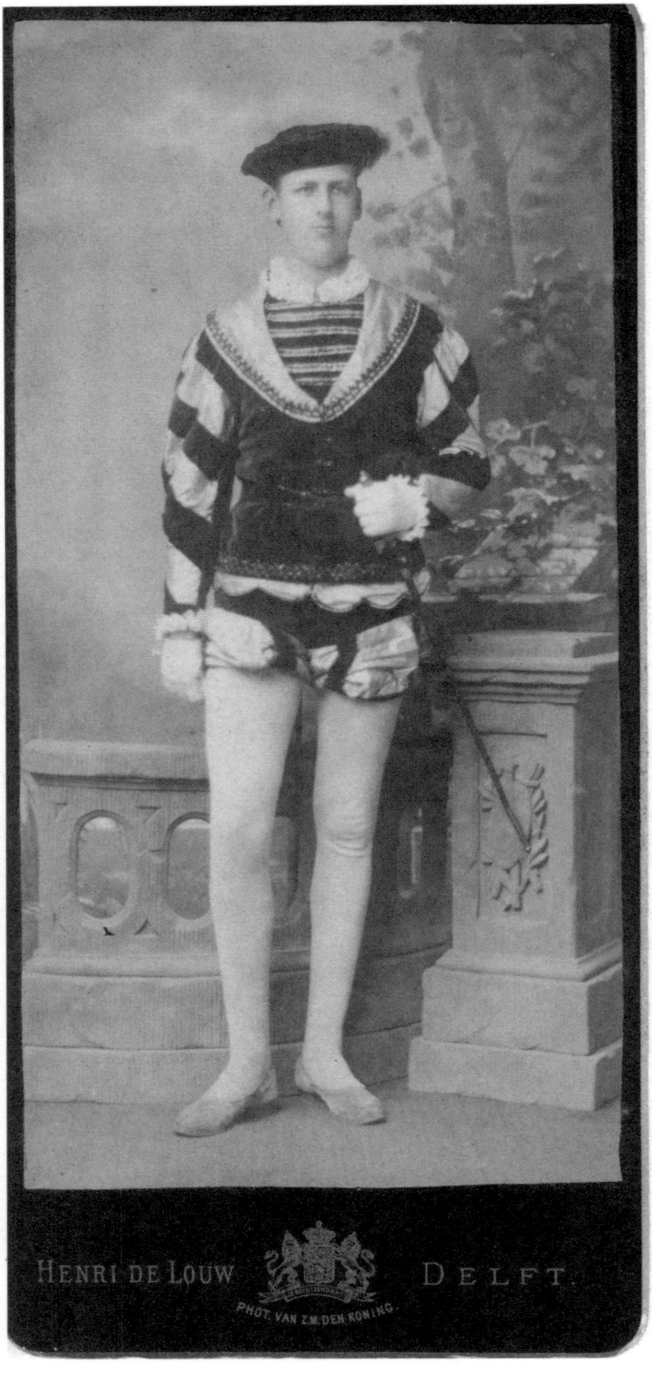

André van de Poll als page
(Gemeentearchief Zeist)

André van de Poll met een klasgenoot
(Zeister Historisch Genootschap Van de Poll Stichting)

Henriëtte, Louise, Frits en Clara van de Poll
(Zeister Historisch Genootschap Van de Poll Stichting)

Henriëtte, Louise, Frits en Clara van de Poll
aan de thee in huis Beek en Royen
(Zeister Historisch Genootschap Van de Poll Stichting)

Fredrik Harman van de Poll met zijn kleinzoon Frits,
die al in 1922 zou overlijden
(Zeister Historisch Genootschap Van de Poll Stichting)

Fredrik Harman en Henriëtte van de Poll, de ouders van Henriëtte
(Zeister Historisch Genootschap Van de Poll Stichting)

Voor: Joanna van de Poll en Agathe Gevaerts, vrouw van Willem.
Achter: Henriëtte, Willem, Clara, Louise, Frits
(Zeister Historisch Genootschap Van de Poll Stichting)

Voor: Frits, Joanna, Fredrik Harman, Henriëtte sr. met kleinzoon Frits, Louise
Achter: Clara, Henriëtte, Willem, Agathe Gevaerts
(Zeister Historisch Genootschap Van de Poll Stichting)

Koningin Emma (l) en Henriëtte (r)
(Zeister Historisch Genootschap Van de Poll Stichting)

Clara en moeder Henriëtte in Huis Beek en Royen
(Zeister Historisch Genootschap Van de Poll Stichting)

Emma bezoekt een ziekenhuis. Achter haar Henriëtte van de Poll
(Gemeentearchief Zeist)

Emma op een jubileumfeest in Valkenburg
(Gemeentearchief Zeist)

'Tutje' en Frits, de kinderen van Henriëttes jongste broer Willem
(Gemeentearchief Zeist)

Louise met Juliana als baby
(Gemeentearchief Zeist)

Juliana met Louise van de Poll
(Gemeentearchief Zeist)

Koningin-moeder Emma op het bordes van Paleis Soestdijk
(Gemeentearchief Zeist)

Prinses Juliana op bezoek bij de zusters Van de Poll in Huis Beek en Royen in 1939. De auto is van prins Bernhard
(Gemeentearchief Zeist)

Portret van de overleden Henriëtte van de Poll sr.,
moeder van Henriëtte, door Jan Veth
(Zeister Historisch Genootschap Van de Poll Stichting)

Haar status creëerde een onoverbrugbare kloof tussen haar en haar onderdanen. En de omgang met buitenlandse 'gelijken' verliep volgens een zodanig vast ceremonieel, dat van persoonlijk contact nauwelijks sprake kon zijn. Laat staan van geflirt.

Ook vóór haar huwelijk was het Emma, zes jaar jonger dan Henriëtte, niet of nauwelijks gegund met mannen te verkeren. Willem III had haar eerder 'besteld' dan veroverd. En eenmaal getrouwd, kon Emma haar vaste dagelijkse gezelschap alleen zoeken in haar hofdames Henriëtte en Elise. Aan hen raakte Emma dan ook zeer gehecht. Zo gehecht, dat het haar schrikbeeld was hen kwijt te raken aan een echtgenoot, zoals destijds de 'twee Maries'.

Het onderwerp 'trouwende hofdames' emotioneerde de koningin onevenredig. Dat bleek in de winter van 1880 toen de hofdame van prinses Hendrik, Marie van Sijpestijn, een huwelijk verkoos boven voortzetting van haar dienstverband. Emma vertelde Elise en Henriëtte onder zes ogen hoe erg ze het vond voor prinses Hendrik, die dan ook 'woedend' was. Moest je eens nagaan, vervolgde ze, dat de prinses van Roemenië ooit eens tegen haar had gezegd het juist leuk te vinden om vaak 'nieuwe gezichten' te zien. Ze had Emma zelfs toegewenst dat haar hofdames 'ook snel zouden trouwen'! Nou, Emma hoopte helemaal niet dat dit zou gebeuren. Ze had de Roemeense prinses dan ook 'vriendelijk bedankt' voor haar wens, maar gezegd dat ze haar hofdames 'nog heel lang' hoopte te houden. 'Ik houd helemaal niet van veranderingen, want ik kan pas echt van personen houden als ik ze leer kennen,' zei ze. Ter verduidelijking voegde ze eraan toe: 'Ik ben zoo blij dat mijn hofdames niet trouwen.'

Henriëtte vatte dit op als een compliment dat haar 'veel pleizier' deed. Maar het compliment had een beklemmende kant. De 'liefdesband' met de koningin had iets van een gevangenschap, waar de koningin zich misschien zelf wel mee had verzoend, maar waar de zevenentwintigjarige Henriëtte nog best aan kon ontkomen. Hoe gebonden ze zich ook voelde door haar hofmissie, feitelijk lag de toekomst voor haar nog open.

In het feesten- en partijencircuit kwam Henriëtte gemakkelijk in contact met huwelijkskandidaten. Zij berichtte haar moeder regelmatig over 'hofmakerij'. Tijdens een diner op Het Loo in de zomer van 1881 bleef legergeneraal Smits bijvoorbeeld maar vragen of ze zijn kazerne niet wilde komen bezoeken. Hij beloofde 'alles te doen wat hij kon' om het haar daar aangenaam te maken, zei hij.

Op feesten had Henriëtte soms zoveel 'succes' dat de adrenaline de volgende dag nog door haar heen joeg. Kantjes en kantjes schreef ze dan vol over 'heerlijke dansen' en aanbidders die ze had moeten ontlopen. 'Ik dacht dat ik de jaren te boven was om veel plezier op een bal te hebben, maar heb gisteren gemerkt dat het niet zoo is,' schreef ze in het voorjaar van 1882. 'Ik had dan ook bijna allemaal uitstekende danseurs, en mijn toilet hield zich uitstekend, hoewel ik veel met gespoorde heeren danste.' En drie weken later: 'Ik heb me enorm geamuseerd en den geheelen avond gedanst, 5 cavaliers heb ik moeten bedanken omdat ik geen dansen meer had, en met verscheidene anderen heb ik nog extra toertjes gedanst.' Aan haar succes ontleende ze steeds meer zelfvertrouwen, wat haar populariteit alleen maar bevorderde.

Dit alles culmineerde in 1883 in de confrontatie met een opmerkelijke hofheer. Eentje die het met de conventies aan het hof niet zo nauw nam, die zijn gevoelens niet beheerste, maar ze gewoon uitte. En nog wel gevoelens voor haar, Henriëtte. De katholieke graaf Hyppolite de Villers (1843-1920) woonde dan ook niet in Den Haag, maar in het wat exotischere Luxemburg. Daar was hij kasteelheer en rechter en bovendien de lokale secretaris van Willem III in dat hertogdom. Omdat Nederland sinds de afscheiding van België met Luxemburg was verenigd in een personele unie, was Willem III formeel nog koning van Luxemburg. Daarom kwam De Villers de koning regelmatig opzoeken. Zo maakte de flamboyante graaf kennis met zijn tegenpool: de introverte, calvinistische hofdame Henriëtte.

Voor De Villers was het liefde op het eerste gezicht, en dat stak hij niet onder stoelen of banken – tot verbazing van de Hollandse hovelingen. Uitgerekend aan De Ranitz vertelde de katholieke graaf steeds opnieuw dat hij freule Van de Poll 'zoo charmant vond'. De Ranitz, misschien ietsje jaloers, kon het niet laten om Henriëtte hiermee te pesten. Maar De Villers trok zich niets aan van alle besmuikte blikken en zond een gestage stroom complimentjes Henriëttes kant op. Als ze probeerde hem te negeren, beklaagde hij zich onmiddellijk.

Er was geen ontsnappen aan. Een toevallige ontmoeting tussen Henriëtte en zijn vader op het paleis werd door De Villers aangegrepen om Henriëtte te belagen. 'Hij is aardig hè, die oude,' zei hij na de lunch met hem. 'Maar ik ben nog aardiger.' Hier gaf Henriëtte maar even geen antwoord op. 'Wat bent u toch koel, waarom bent u zo koel?' vroeg De Villers. Hij wist waarschijnlijk zelf niet wat een kernachtige vraag hij daar stelde. Of misschien wist hij het juist wel en stelde hij de vraag opzettelijk, om Henriëtte van haar stuk te brengen. In het nauw gebracht, begon Henriëtte over de 'drukkende warmte'. De Villers: 'Ja, het is te zien dat u het warm hebt, maar dat maakt u alleen nog maar mooier.'

EUFOOR

Niemand had ooit zulke rechtstreekse aanvallen op Henriëttes verdedigingslinies gepleegd. Om haar reputatie te beschermen, maakte ze duidelijk dat het geflirt niet van haar uitging. Ze schreef aan haar moeder dat ze er 'wanhopend' van werd, dat ze De Villers' opdringerigheid 'allerverschrikkelijkst' vond, dat ze snakte naar zijn vertrek. En dat ze het, geheel tegen haar gewoonte in, zelfs begon te betreuren als ze mooi gekleed was. 'Als het niet al te dwaas was, zou ik heusch geneigd zijn alleen japonnen aan te trekken die mij slecht staan.' Ze betreurde het dat ze 'die grijze japon' niet bij zich had, waar haar broers altijd zo'n hekel aan hadden: 'Misschien zou hem die desillusioneren.'

Zo praatte ze ook tegen haar collega's over De Villers. Maar die collega's constateerden dat Henriëtte haar aanbidder helemaal niet zo vervelend vond als ze beweerde. Elise kon dat op een dag niet meer voor zich houden. Berispend merkte ze op dat ze niet kon begrijpen dat Henriëtte, die 'soms zulke sterke antipathieen' had, De Villers niet 'onuitstaanbaar' vond.

Het leek soms wel of Henriëtte aangestoken werd door De Villers' warmbloedigheid. Op een middag vertelde ze hem bijna eufoor hoe ze genoten had van een mooi landschap. De Villers was oprecht gefascineerd en sprak dat volgens zijn gewoonte onmiddellijk uit. Hij vroeg: 'Hoe is het mogelijk dat u zo enthousiast bent? Ik dacht dat u zo koud was als een stuk ijs en zonder het minste gevoel!' Waarop hij haastig liet volgen: 'Nee, nee, nee, dat dacht ik niet, ik denk veel te positief over u.'

Toen de koning in 1884 het plan opvatte om met het hele hof de winter door te brengen in zijn vochtige, vieze, koude Luxemburgse slot Colmar-Berg, was er maar een hoveling die daar wel zin in had: Henriëtte. In Luxemburg zat De Villers, die ze alweer een tijd niet had gezien. Gelukkig voor haar liet de koning zich niet van zijn plannen weerhouden, ook al deed De Ranitz verwoede pogingen om hem thuis te houden. Hij waarschuwde dat een oud kasteel met slechte riolen in een choleratijd gevaarlijk was. Tevergeefs.

Eenmaal in Berg aangekomen, constateerde Henriëtte in een opvallend uitgelaten stemming dat alle gruwelverhalen klopten. Ze schreef dat het kasteel inderdaad 'zeer vuil' was. De werkvrouwen zagen er 'weinig helder' uit en ze leken 'niet bekend' te zijn met het nut van stof afnemen. Degenen die 'bij toeval achter de coulissen' van het kasteel keken, werden zo onpasselijk van de viezigheid, dat zij 'bijna niet konden eten'. Verder was het vochtig en tochtig. 'Iedereen, ZM aan het hoofd, begint hier met verkouden te worden.' De Ranitz had er maagpijn bij. De Villers had vanwege 'een koude in en op zijn hoofd' een grote zwarte doek om zijn hoofd gebonden.

Henriëtte bleef te midden van dit alles opvallend monter. Ze verzorgde de heren door hun warme wijn te voeren. Haar kamer leek 'net een hospitaal'. Tegen deze achtergrond steeg de spanning tussen Henriëtte en De Villers tot het kookpunt. De Villers volgde nog steeds de strategie van 'de aanhouder wint'. Aan zijn flirterige plagerijtjes kwam geen eind. Zo was hij 'geïndigneerd' toen Henriëtte zich door een andere man twee glazen wijn liet inschenken, terwijl ze 'van hem nooit meer dan een glas aangenomen had'. En hij kon 'niet velen' dat Henriëtte van een Luxemburgse collega een 'enorme wandelstok' had gekregen. Hij gaf haar daarop twee wandelstokken cadeau; eentje sneed hij tijdens een wandeling zelf uit hout. 'Ik begin langzamerhand rijk in wandelstokken te worden,' constateerde Henriëtte koeltjes. Maar ze was opgetogener dan ze durfde toe te geven.

'Ik ben misschien de eenige die het hier niet zoo vreeslijk vind,' schreef ze aan haar moeder. Zo druk had ze het daar in Berg zelfs, dat ze voor het eerst van haar leven de verjaardag vergat van haar geliefde jongere broer André. Verjaardagen vergeten was heiligschennis in haar familie. Twee dagen later schreef ze hem in een excuusbrief: 'Hoe ik zoo dom geweest ben, kan ik mijzelf niet begrijpen.'

AANZOEK

De ontlading van de spanning die in slot Colmar-Berg was opgebouwd, kwam op het meest ongelegen moment dat maar te bedenken viel: in de trein op de terugweg naar Den Haag. Daar vroeg De Villers Henriëtte ten huwelijk. Fluisterend. Want ze zaten in hun kleine coupeetje niet alleen, maar met een heleboel andere hovelingen, onder wie Elise, Schimmelpenninck en De Ranitz. Die hadden ogen als schoteltjes. De situatie was 'vreeslijk penible', zoals Henriëtte haar moeder die avond schreef in een zeldzaam opgewonden brief.

De Villers had het huwelijksaanzoek niet op die onmogelijke plek willen doen en dat deed hij ook niet. Hij kondigde eigenlijk alleen zijn aanstaande aanzoek áán. 'Hij heeft mij gezegd dat ik mij eens ernstig moest bedenken, want dat hij mij de eerste keer dat hij mij weer zag een vraag zou doen waarop hij een categorisch antwoord wilde: ja of nee. Met andere woorden: of u mij wilt als echtgenoot.' Henriëtte reageerde instinctief. Van schrik deed ze wat ze altijd bij emotionele aanslagen deed. Ze trok de muren van haar vesting op en siste 'dat het beter was om er bij die volgende ontmoeting niet op terug te komen'.

De Villers raadde haar aan eerst eens rustig te overleggen met haar ouders alvorens hem af te wijzen. Maar Henriëtte handelde al in de geest van haar ouders. Ze wist dat die, als het ooit tot een huwelijk zou komen, voor haar iets anders in gedachten hadden dan een katholieke, licht geëxalteerde graaf uit Luxemburg. De positie van de familie zou erop achteruitgaan als Henriëtte zou trouwen en zij het hof zou verlaten. Dan zouden de Van de Pollen weer aan zichzelf zijn overgeleverd. Geen audiënties meer bij de koning en koningin, geen speciale status meer in het societyleven, geen vliegende start voor haar broers en zusjes.

Slechts een heel goede partij kon dat verlies compenseren, maar ondanks zijn graventitel was Hyppolite de Villers geen goede partij. Van katholieke huize zijn, dat was in protestantse adellijke kring ongeveer net zo erg als een strafblad hebben. De temperamentvolle De Villers was niet geliefd aan het Nederlandse hof. Eigenlijk, schreef Henriëtte, 'houdt niemand van hem'. Elise bijvoorbeeld vond De Villers net 'een spin'. Ze zei dat ze het nauwelijks kon verdragen als hij haar aanraakte om haar een hand te geven. Voor een Van de Poll, voor wie de opinie van 'de wereld' een soort zuurstof was, was een huwelijk met zo'n impopulaire figuur ondenkbaar.

Maar De Villers bleef maar tegen Henriëtte fluisteren 'dat wij zoo gelukkig samen zouden kunnen zijn' en dat hij 'vanaf het eerste moment dat hij mij gezien had, gewenscht had mij tot vrouw te hebben'. Met die stroom van bekentenissen deed De Villers in de treincoupé iets wat niemand ooit tegenover Henriëtte had gedaan, en zijzelf al helemaal nooit tegenover iemand anders. Hij gaf zich bloot, zonder strategisch belang. Zijn enige drijfveer was zijn gevoel. Hij liet zich kennen, gaf zich over aan het risico om afgewezen en belachelijk gemaakt te worden.

Toen Henriëtte hem voor de zoveelste keer vroeg of hij het onderwerp niet met rust wilde laten, zei hij met verpletterende vastberadenheid: 'Nee. U heeft mij verboden om erover te praten als ik u zou weerzien, maar vandaag moet ik u mijn hart uitstorten. Ik moet u alles zeggen, ik moet u één keer zeggen hoeveel ik van u houd.' Tegen het eind van de reis was Henriëtte volledig overstuur, al deed zij er uiteraard alles aan om dat niet te laten merken. Zij en De Villers scheidden 'als goede vrienden'. De Villers vroeg haar of ze die winter nog een keer met hem zou willen dansen. Dat zou zij natuurlijk 'heel gaarne' doen, zei ze. Toen begaf ze zich zo vlug ze kon naar haar kamer op het paleis Noordeinde.

Nog voordat ze haar koffer uitpakte, greep ze pen en papier en begon ze haar moeder te schrijven. Openhartiger dan ooit. Ze schreef hoe ellendig ze zich voelde. En hoe ze het liefst in Utrecht uit de trein was gestapt om naar Zeist te vluchten, wat natuurlijk niet kon zonder toestemming van de koningin. Al schrijvende begon ze te twijfelen. Had ze er wel goed aan gedaan De Villers te weigeren? Tot nu toe was haar enige streven geweest om haar ouders' goedkeuring te krijgen. Maar nu had ze gedaan wat ze dacht dat haar ouders wilden, en toch voelde ze zich ongelukkig. Had ze de kwestie toch niet eerst aan haar vader moeten voorleggen, zoals De Villers zelf had gesuggereerd? Ze had het toch op zijn minst kunnen proberen?

Misschien wel voor het eerst in haar leven begon Henriëtte te onderscheiden dat zij zelf iemand was, los van haar familie. Dat ze zo verdrietig was, had niets met het belang van haar familie te maken. Het kwam door haar eigen affectie voor De Villers, die oprecht om haar gaf. En zij om hem, bekende zij nu plotseling tegen haar moeder. Ze had altijd gedaan alsof ze hem vreselijk vond, maar nu moest ze voorzichtig toegeven dat dat niet de waarheid was geweest. Ze kon het 'niet best begrijpen', maar het was nu eenmaal zo. Ze 'mocht' De Villers 'nogal graag'. Sterker, ze 'hield wel' van hem.

Haar moeder hoefde niet bang te zijn. Haar gevoelens waren niet sterk genoeg om over 'zoo vreeslijk veel heen te stappen' dat tegen was op een huwelijk met hem. Maar 'wij zijn zoo lang samen omgegaan en hij is, hoewel op een soms dwaze en lastige manier, altijd zoo vriendelijk voor mij geweest, dat ik mij wel aan hem gehecht heb'. Hoezeer, blijkt uit haar angst hem meer gekwetst te hebben dan nodig was. Ze had De Villers graag 'zoo veel vriendelijker' te woord gestaan, schreef ze. In de trein was ze alleen maar bezig geweest om hem af te kappen uit angst dat de anderen zouden horen wat hij zei. Ze had, zo bedacht ze nu pas, niet 'vrijuit' kunnen spreken. En ze had hem, realiseerde zij zich nu, 'niet half kunnen zeggen' wat zij meende.

TELEGRAM

Emma's schrikbeeld – een trouwende Henriëtte – was realistischer dan zij kon vrezen, om een reden die zij niet zou kunnen bevatten. In Emma's hoofd zou nooit zijn opgekomen wat Henriëtte serieus overwoog, ingaan op een huwelijksaanzoek waar haar familie niets mee opschoot. Alleen maar uit affectie.

Henriëtte had De Villers' aanzoek afgewezen, maar daarmee waren zijn gevoelens nog niet verdwenen. Mocht zij zich bedenken, dan zou hij er zijn, had hij gezegd. In de treincoupé had Henriëtte niet de tijd en de ruimte gehad om zijn aanzoek goed te overdenken. Die tijd had ze in de maanden daarna wel.

Maar een onverwachte gebeurtenis maakte aan die contemplatie in een klap een einde. Daarna zou Emma zich over de eeuwige trouw van haar hofdame nooit meer zorgen hoeven te maken. Vijf maanden na het huwelijksaanzoek van De Villers, op 27 april 1885, kreeg Henriëtte een telegram:

Beste Henriëtte,

André is overleden, de details zal ik je vertellen als je thuis bent. Je komt toch? Ik ben zoo diep en diep bedroefd en kan niet langer schrijven.

Je moeder.

6 *Einde van een familie*

André, elf jaar jonger dan Henriëtte, was open en aanhankelijk van aard. Daarom was hij Henriëttes troetelbroer. Toen hij vijf jaar oud was en Henriëtte in Brussel zat om Frans te leren, schreef ze hem de liefste briefjes. 'Lieve Andrétje, ik zou wel eens willen weten of je zoet was, want nu ik zoo ver weg ben, kan ik het niet aan je snoetje zien. Maar ik denk toch wel dat je zoet en gehoorzaam bent.' Ze ondertekende met 'Je zusje Etje die zooveel van je houdt'.

Toen André opgroeide was van zijn gezicht altijd gemakkelijk af te lezen wat er in hem omging. En dat was vaak nogal wat. Toen Huis Beek en Royen op een dag werd verbouwd, trok hij 'spontaan zijn werkkleren aan' om de klusjesmannen te helpen. Dat was niet erg chic voor een jongen 'van stand'. Maar zo was André: impulsief, niet bedachtzaam. Zijn vertrek naar Delft, waar hij ging studeren aan de Technische Hogeschool, maakte in de familie dan ook veel los. Om dezelfde reden waarom André zo geliefd was, had niemand vertrouwen in zijn nieuwe zelfstandigheid. Dat leidde tot een dagelijks brievenbombardement op Andrés deurmat.

Aanvankelijk waren de brieven vooral bezorgd van toon. 'Zult gij zooveel mogelijk oppassen niet te veel te drinken, beste jongen, ik kan mij voorstellen met je karakter en gestel dat je licht opgewonden zijt, neem je daarom vooral dubbel in acht, zult gij het heusch doen jongenlief?' schreef zijn moeder. 'Gij zijt nog zoo jong en hebt nog zo weinig ondervonden, gij kent u zelven en uwe krachten nog zoo weinig,' waarschuwde zijn vader. 'Als ik 's avonds lekker warmpjes in bed lig, dan denk ik zooveel aan je en ben dan wel eens bang dat je misschien niet voorzichtig genoeg bent en niet genoeg oppast als je 's avonds uit warme zalen in de lucht komt,' schreef zijn zuster Louise.

Algauw werden de brieven strenger. Er stond namelijk meer op het spel dan alleen Andrés welzijn. Henriëtte had de familie op een hoger plan getild, haar drie broers moesten die status nu waar gaan maken. Frits was goed op weg als rechtenstudent in Utrecht en Willem als ambitieuze militair. Nu André nog, met zijn peperdure studie in Delft. Het oord waar 'zoo menig veelbelovende jongeling te gronde is gegaan', zoals zijn vader dreigend waarschuwde. 'Niets mag u van de studie afhouden, wat drogredenen er ook door uw kennissen geopperd worden. Wat men u ook moge zeggen van "het eerste jaar niets werken" enz., een ander moge het kunnen in praktijk brengen, gij niet.'

Moeder Henriëtte Wilhelmine stond vierkant achter haar man. Een greep uit haar vele tips. 'Gij moet u nu bekwamen om een nuttig lid van de Maatschappij te worden.' 'Toon nu ook door je gedrag dat je het waard bent. Toon dat je karakter hebt, drink niet zooveel, laat je niet door anderen meeslepen, zorg nu eens dat ze een goede indruk van je krijgen.'

André werd nerveus van alle goede raad. Hij verweet zijn moeder dat ze hem niet vertrouwde. 'Dat is het geval volstrekt niet, beste jongen,' schreef ze onmiddellijk. 'Ik ben wel eens bezorgd, dat is geheel iets anders als niet vertrouwen.' Zuster Louise mengde zich in het debat. 'Je moet niet denken dat mama geen vertrouwen in je heeft. Maar zie je, je bent nog zoo jong en je wordt zo licht meegesleept. Houd je daarom goed en toon dat je karakter hebt.'

TEGENPOLEN

Het liefst ging André op zijn vrije zondag naar zijn zuster, de ster van de familie op paleis Noordeinde. Tussen het hof en het studentencorps, waarvan hij lid werd, bestonden nogal wat overeenkomsten. Op beide plekken woedde een sociale strijd waar iedereen elkaar de maat nam en waar alles draaide om de plaats in de hiërarchie. André keek huizenhoog op tegen zijn zusje, die zich zo goed handhaafde. Aan haar twijfelden zijn ouders nooit. Zij was kalm en beheerst, niet zo opgewonden als hij.

Henriëtte hield juist van Andrés temperament. Toen hij voor het eerst langskwam, in zijn ontgroeningstijd als corpslid, constateerde ze haast ontroerd hoe 'verschrikkelijk blij' hij was om 'iemand van thuis' te zien. Terwijl hij Henriëtte over zijn nieuwe leven vertelde, schoof hij met zijn stoel 'hoe langer hoe dichter tegen den mijnen aan, die op rolletjes is, zoodat ik eindelijk naast het theeblad zat en André ervoor'. André liet die avond doorschemeren dat hij eraan moest wennen alleen te wonen en dat hij de ontgroening vervelend vond. Maar hij relativeerde dat meteen.

'Hij zegt steeds: Ach, bij de een heb je het goed en bij de ander heb je het slecht,' schreef Henriëtte aan haar moeder. 'Maar ik heb er niet achter kunnen komen waaruit dat slecht dan bestaat.' Ze probeerde haar moeder gerust te stellen. 'Het is niets geen jongen om medelijden mee te hebben, want hij ziet er heel goed uit en was zeer natuurlijk, opgeruimd en vrolijk.' Maar dat laatste zei niet alles, zoals Henriëtte kon weten.

André kon eigenlijk niet anders dan vrolijk zijn. 'Zwaar op de hand zijn' werd in adellijke kring een vervelende eigenschap gevonden. Moeilijk doen, klagen en zeuren was behalve zwak ook onbeleefd, want je zadelde anderen op met je zorgen. De straf ervoor was sociale uitsluiting. Fredrik Harman verbood André bijvoorbeeld uitdrukkelijk om te gaan met een achterneef die ook in Delft woonde, want de neef was 'zwaar op de hand'.

Neerslachtigheid zat een beetje in de familie. Vader Fredrik Harman zelf had in het verleden last gehad van depressieve buien, met name als hij examen moest doen. In zijn faalangst had hij zelfs weleens overwogen een einde aan zijn leven te maken. Maar hij had geleerd dat er dan praktische oplossingen bestonden, zoals je 's ochtends zo snel mogelijk aankleden. 'Wanneer ik in de moeielijke dagen van mijn leven 's ochtends wakker werd, dan zag ik tegen de dag met zijn moeilijkheden op, maar eenmaal in de kleren kwam de moed terug,' schreef hij als bejaarde in zijn memoires.

Maar met André, die erg op hem leek, had hij daar nooit over gesproken. En zo kon het gebeuren dat men in Zeist na een jaar 'Delft' nauwkeurig op de hoogte was van de hoeveelheid thee in Andrés voorraadkastje en de toestand van zijn gaslamp, maar niets wist van zijn gemoedstoestand. Als André zich liet zien bij familiebijeenkomsten was hij vrolijk en gezellig als altijd. Het viel iedereen alleen wel op dat hij steeds vaker verstek liet gaan.

Toen hij na twee jaar besloot om zich terug te trekken van het eerste grote examen dat hij moest doen, gingen overal in Huis Beek en Royen alarmbellen af. En toen Fredrik Harman er bij navraag in Delft achter kwam dat zijn zoon zich niet eens op het examen had voorbereid, was de ramp compleet. 'Hoe is het nu toch mogelijk dat gij in de gewichtigste voorbereidingstijd in uw plicht tekortgeschoten zijt?' vroeg hij zich woedend af. 'Ik kan niet nalaten u te zeggen dat gij uwe ouders groot verdriet hebt gedaan en zij dit niet verwacht hadden. Veel, mijn waarde jongen, hebt gij goed te maken.'

André zwoer plechtig dat hij het examen in het voorjaar van 1885 wél zou doen. En dat hij dan zou slagen. Op 25 april 1885, een maand voor dat examen, kondigde Fredrik Harman bij André per brief aan dat hij naar Delft kwam. Hij wilde tegen iedere prijs voorkomen dat zijn zoon hem opnieuw zou verrassen. Dit keer zou hij persoonlijk een gesprek hebben met Andrés hoogleraar en repetitor. Hij wilde de trein nemen die in Delft om 10 over 10 zou aankomen. 'Ik zal mij dan dadelijk naar uw kamer begeven,' schreef hij.

In de trein naar Delft, die 27e april 1885, ontmoette Fredrik Harman een collega van de Belastingdienst, een zekere heer Hensing. Hij vertelde dat hij op weg was naar zijn zoon André, die studeerde in Delft. Hij greep de gelegenheid aan om te vertellen dat zijn zoons alle drie studeerden. 'Nummer 1 te Utrecht, nummer 2 te Delft en nummer 3 te Breda.' Zij gaven hem 'alle reden tot tevredenheid,' zei Fredrik Harman trots.

Rond elven kwam hij aan op Voorstraat 80, waar André een kamer huurde. De huisbaas zei dat de student nog niet op was. Om élf uur 's ochtends! Fredrik Harman was verbaasd en verontwaardigd. Zo vlak voor de examens kon zijn zoon zijn dag wel nuttiger besteden dan met uitslapen. Eenmaal boven bleek dat de deur van Andrés slaapkamer gesloten was. Hij klopte, bonsde, maar er kwam geen antwoord. Fredrik Harman werd ongerust. Hij riep de huisbaas en vroeg of hij wel zeker wist dat André in zijn slaapkamer was. Ja, de huisbaas wist het zeker. Hij ging zoeken naar een tweede sleutel. Toen Fredrik Harman daarmee de deur opende, zag hij André languit op zijn bed liggen, met een revolver naast zich.

Fredrik Harman kon niet spreken. Er kwamen geen tranen. Hij staarde naar het bed. Het was alsof hij was 'dichtgeknoopt'. Andrés kleren lagen netjes opgevouwen op een stoel, zijn horloge en zijn zakportefeuille lagen op tafel. In de portefeuille van André vond Fredrik Harman een brief. Hij herkende meteen het handschrift, zijn handschrift. Het was zijn eigen brief, waarmee hij zijn komst had aangekondigd.

Toen Fredrik Harman telegrafeerde aan zijn vrouw durfde hij het woord 'dood' niet te gebruiken. Hij schreef: 'André zeer ziek gevonden, ik kom echter tegen de namiddag thuis.' Hij moest weer per trein, de snelste mogelijkheid. In de coupé trof hij – vreselijk toeval – opnieuw collega Hensing van de Belastingdienst, ook op de terugweg. Belangstellend vroeg Hensing hoe het ging met André. Niet goed, antwoordde Fredrik Harman. Sterker nog,

André was dood. Hensing was 'ontsteld'.

Eenmaal thuis trof Fredrik Harman zijn vrouw aan met haar jas in de hand en haar koffer gepakt, klaar om naar haar zieke zoon te reizen. Met één blik op haar man zag zij dat het te laat was. Zij was nu de eerste die het woord uitsprak. 'Hij is zeker dood?' riep ze. 'Oh! dat overleef ik niet.'

Nergens in de stroom van overlijdensannonces, condoleancebrieven en krantenberichten na Andrés dood wordt met een woord naar de oorzaak van die dood verwezen. Alleen in het politierapport van 27 april 1882 in het Delfts politiearchief staat zwart op wit wat er is gebeurd: 'De student A. van de Poll heeft door middel van een revolverschot een einde aan zijn leven gemaakt.'

Wat wel door iedereen werd gememoreerd was de vrolijkheid van de 'plotseling gestorven' André. 'Zijn vroolijke gevoelige aard maakte hem altijd tot een gewenscht gezelschap,' schreef het *Algemeen Nederlands Studenten Weekblad* van het Leidse studentencorps Minerva over de 'veelbelovende' student.

En Fredrik Harman schreef in oktober, de dag voor Andrés verjaardag, aan Henriëtte: 'Wie had verleden jaar op Andrés verjaardag toen hij zoo vrolijk bij ons was, kunnen denken dat wij hem zoo zouden verloren hebben.' Hij filosofeerde: 'Wat weten wij toch weinig en hoe gelukkig is het dat wij niet weten wat ons boven het hoofd hangt, maar hoe gaarne zouden wij toch eenige tekenen hebben gezien van de zorgen die zijn gemoed hebben vervuld, welke zorgen wij misschien hadden kunnen opheffen en hem daardoor voor ons behouden.'

Dat was een tegenstrijdige verzuchting. Fredrik Harman wilde enerzijds niet alles weten en betreurde het anderzijds niet méér te hebben geweten. Het was het dilemma waarvoor mensen door de verfijnde adellijke gedragscodes werden gesteld. Hoeveel werkelijkheid wil je zien? Tussen vorm en werkelijkheid was door de dood van André een verschrikkelijke kloof ontstaan. Een mooi portret van hem kreeg in huis een ereplaats, maar kon geen troost bieden.

De familie Van de Poll kwam de dood van André nooit te boven. De levensloop van ieder gezinslid werd erdoor bepaald, die van Henriëtte voorop. Behalve het persoonlijke verdriet was er namelijk nog iets te bestrijden: de doem van de schande die over de familie was gevallen. De schande van de zelfmoord. Een doodzonde tegenover God, maar ook tegen álle adellijke codes. Zelfmoord gold binnen de société als een zwaar brevet van onvermogen.

In Den Haag werd zo hard gefluisterd, dat het galmde. Elke strohalm moest worden aangegrepen om te voorkomen dat de Van de Pollen sociaal geïsoleerd zouden raken. Besmet door het moment van zwakte van André.

In deze strijd speelde koningin Emma een beslissende rol. Het hoofd vormgeving van het Koninkrijk der Nederlanden nam Henriëtte en haar hele familie nadrukkelijk in bescherming. Tot Henriëttes opluchting stelde ze geen onnodige vragen over de toedracht van Andrés overlijden. Ze had 'van het eerste ogenblik af aan de waarheid verondersteld'. Ondanks haar diepgelovige inborst toonde ze geen afkeer van Andrés daad, maar medeleven. 'U kunt zich niet voorstellen,' schreef Henriëtte aan haar zuster Louise, 'hoe hartelijk en lief zij over alles gesproken heeft en hoe innig zij deelneemt in onze grote droefheid.'

Henriëtte kreeg extra verlof om haar ouders in Zeist te troosten. En voor haar verjaardag op 6 september 1885 kreeg ze van Emma een bijzondere verrassing. Toen zij bij haar werd geroepen, stond op de canapé een portret klaar van André, schitterend ingelijst. Als iets het geroddel een halt kon toeroepen, dan was het wel deze koninklijke zegen. Een zegen die alleen kon blijven bestaan als Henriëtte aan het hof bleef. Fredrik Harman spoorde zijn dochter dan ook aan om de uitgestrekte hand van de koningin nu niet los te laten. 'Moge de goede God u kracht en gezondheid geven om uwe belangrijke taak met opgewektheid te vervullen,' schreef hij vijf maanden na Andrés overlijden aan Henriëtte. Het klonk smekend. Nu de werkelijkheid zo onacceptabel was, kon alleen de vorm nog houvast bieden. Koningin Emma had Henriëtte definitief voor zich gewonnen.

De hoop van Hyppolite de Villers dat Henriëtte zijn aanzoek alsnog zou overwegen, vervloog. Toen hij in 1920 stierf, was hij nog steeds ongehuwd.

STERFBED

In 1890 accepteerde Henriëtte van de Poll alsnog de positie van opvoedster van Wilhelmina, die ze acht jaar daarvoor had geweigerd. Ze heette niet 'gouvernante', maar bemachtigde de wat hogere rang van 'surintendante van de opvoeding van Wilhelmina'. Het leverde haar in Wilhelmina's memoires een eervolle vermelding op. 'De freule Van de Poll heeft meer invloed gehad op mijn vorming dan men aanvankelijk zou menen van iemand, die zó bescheiden was en zich zozeer op de achtergrond hield als zij,' schreef de latere koningin over haar.

Henriëtte stond bij de levens van de Oranjes en keek ernaar, terwijl zij zich in de schaduw daarvan tevredenstelde met een klein leven voor zichzelf. Net als Elise, die evenmin trouwde en ook bij Emma bleef totdat die in 1934 stierf. Samen maakten zij van nabij de dood mee van Willem III, de inhuldiging van Wilhelmina als koningin, haar huwelijk met prins Hendrik, de geboorte van prinses Juliana, de dood van prins Hendrik en uiteindelijk de dood van koningin Emma.

Jaar in jaar uit beschreef Henriëtte alles aan haar moeder, tot die in 1909 overleed. 'Vreeslijk getob met den Koning,' noteerde ze eind februari 1889 tijdens het eindeloze sterfbed van haar oude kwelgeest. 'Zijn verstand is nog totaal absent en daarbij is hij zeer onhandelbaar. Hij lag in zijn eenzaamheid onophoudelijk door te praten zonder dat men de woorden verstaan kon, ik werd er helemaal akelig van.' Enkele dagen later praatte hij 'met allerlei denkbeeldige, soms reeds lang overleden personen'.

Intussen moest Henriëtte als gouvernante de 'genoegens deelen' van de inmiddels tienjarige Wilhelmina, die juist vakantie had: 'Kippen, duiven, zwanen, eenden voeden, radijs plukken en schoonmaken, bloemen begieten, enz.' Doodop was ze. 'Het zal u wel niet verwonderen dat ik 's avonds om half tien naar bed ga.' Toen Willem III eindelijk was gestorven, noteerde Henriëtte op 25 november 1890 dat de koningin 'zonder affectatie diep bedroefd' was. 'Wonderlijk toch!' Wilhelmina was 'zeer onder den indruk', maar huilde weinig, wat Henriëtte 'niet zeer natuurlijk' vond.

Een decennium later, in 1901, werd Wilhelmina uitgehuwelijkt aan de Duitse prins Hendrik. Een opgewonden Henriëtte durfde zelfs haar moeder niet in vertrouwen te nemen totdat het zeker was. 'Ik hoop dat u mij niet kwalijk zult nemen dat ik t'huis zijnde niets van dat alles verteld heb, maar alles wat ik wist, was mij onder de grootste geheimhouding door de Koningin-Moeder zelf meegedeeld en daar men toen nog volstrekt geen zekerheid had hoe de zaak zou afloopen, durfde ik er zelfs t'huis niet over te spreken, hoewel ik er steeds van vervuld was.' Over de vierentwintigjarige Hendrik was ze toen nog positief: 'Hij moet een man zijn met vele deugden en een goed karakter.'

Haar opinie veranderde toen hij en Wilhelmina zich in de jaren daarna impopulair begonnen te maken aan het hof. Volgens Henriëtte maakte de koningin zich door haar 'kinderachtige koppigheid' in het paleis onmogelijk, terwijl Hendrik zich van niemand iets scheen aan te trekken. De koningin-moeder vond het volgens haar 'vreeslijk dat de prins zijn verjaardag niet hier blijft vieren en nog vreeslijker dat Hij de koningin meesleept naar Italië, waar veel anarchisten zijn'. Henriëtte klaagde: 'Er schijnt niemand te zijn die den moed heeft de woede van dit jonge paar te trotseren, door hen eens flink de waarheid te zeggen. Men beweert dat men hen de waarheid wel zegt, maar dat zij niet willen luisteren.'

Gelukkig raakte Wilhelmina snel in verwachting. Maar in het

voorjaar van 1902 berichtte Henriëtte haar moeder dat Wilhelmina een zes maanden oude dode zoon ter wereld had gebracht, nadat zij kort daarvoor ook al een miskraam had gehad. 'Om half negen kwam de koningin-moeder in tranen bij mij en vertelde mij dat zij vreesde dat de grote teleurstelling zich prepareerde.' En de volgende dag: 'Zooëven verneem ik dat HM een weinig voedsel gebruikt heeft. Gisterenavond half elf was alles afgelopen.'

Verlovingen, huwelijken, zwangerschappen en geboortes, Henriëtte maakte alles mee vanaf de zijlijn. In de brieven na het 'rampjaar' 1885 beschreef ze meer en meer de levens van anderen, en steeds minder dat van zichzelf. Haar eigen leven draaide nog bijna uitsluitend om praktische vragen als 'Heb ik genoeg stoelen voor alle gasten op mijn Whist-soirée?' en 'Laat ik op mijn visitekaartje een kroontje afdrukken?'

In 1902 werd Henriëttes weggecijferde leven bekroond. Toen verscheen koningin Emma hoogstpersoonlijk in Zeist om haar vader en moeder, Fredrik Harman en Henriëtte van de Poll, te feliciteren met hun gouden bruiloft. Gelukkiger had Henriëtte haar ouders niet kunnen maken. Een 'hoogtepunt' in zijn bestaan, noemde Fredrik Harman de gebeurtenis in zijn memoires.

Een jaar later bleek andermaal tot welk niveau de familie Van de Poll gestegen was. Henriëttes jongste zusje Joanna, die in leeftijd haar dochter had kunnen zijn, mocht twee maanden aan het hof komen als speciaal logeetje van de koningin. Henriëtte had er haar handen vol aan. 'Ik voel mij natuurlijk verantwoordelijk voor alles dat zij doet,' schreef zij aan haar moeder. Gelukkig had Joanna zich 'buitengewoon spoedig in deze omgeving geschikt' en Henriëtte stelde tevreden vast dat haar jongste zuster 'zelfs in dollen pret fatsoenlijk en gracieus bleef'.

Joanna zou haar hele leven een veelgevraagde gast blijven op het paleis en zelfs hecht bevriend raken met Juliana. Na de Eerste Wereldoorlog werd ze geregeld uitgenodigd bij de Duitse keizer, die in ballingschap leefde in Doorn. In Zeist zou ze zelfs uitgroeien tot 'schaduwkoningin'. Tot haar dood in 1972 zou ze elke

Koninginnedag op het bordes van het gemeentehuis in Zeist staan, waar ze werd toegezongen door de Zeisterse schooljeugd. Sommige Zeistenaren zouden pas op volwassen leeftijd ontdekken dat het niet de koningin zelf was die zij hadden toegejuicht.[1]

In 1909 kwam ook Henriëttes andere zusje Louise[2] aan het hof. Zij werd de gouvernante van de net geboren kroonprinses Juliana, die haar 'Freul' noemde. De ouders Van de Poll zouden dat niet meer meemaken. In datzelfde jaar stierven zij, vlak na elkaar. Daarmee was Henriëtte haar anker kwijt, en ook de aanleiding om alles wat er om haar heen gebeurde zo gedetailleerd te beschrijven. Na haar ouders' dood had ze alleen haar jongere broers en zusjes nog om mee te corresponderen. Maar van hen kreeg ze niet de troost, de goedkeuring en het applaus dat ze van haar ouders gewend was.

Henriëtte had nu nog één ijkpunt: Emma. Met haar en Elise leefde Henriëtte sinds 1901 samen in Emma's paleis aan de Lange Voorhout in Den Haag. Emma op de begane grond en de eerste etage, waarheen een staatsietrap leidde. De hofdames in lage zolderkamertjes onder het dak, bereikbaar via dienstbodetrappen.[3]

In 1934 werd Emma ernstig ziek. Die dagen gingen Elise en Henriëtte, respectievelijk negenenzeventig en eenentachtig jaar oud, 'gekapt' naar bed, om 'in geval dat wij 's nachts geroepen werden gauwer klaar te zijn'. Na Emma's overlijden op 20 maart 1934 was Henriëtte ontredderd. Aan haar zusje Louise schreef ze: 'Ik kom een beetje zeuren, want ik voel mij wanhopend.'

Haar laatste jaren sleet Henriëtte in Huis Beek en Royen in Zeist, met haar broer Frits en haar zusters Clara, Louise en Joanna. Geen van allen hadden zij de huwelijkspartner gevonden die hun ouders hun hadden toegewenst. De enige Van de Poll-telg die trouwde, met uiteraard een adellijke partner, was de jongste broer Willem. Met jonkvrouw Agathe Gevaerts kreeg hij twee kinderen, die ongehuwd zouden overlijden. Zelf overleed Willem ook jong, in 1921.

Genealogisch gezien belandden de Van de Pollen op een dood spoor. Toen Henriëtte in 1880 aantrad als hofdame had Fredrik

Harman van de Poll zeven nazaten, terwijl het onzeker was of de Oranjes de volgende eeuw zouden halen. Achtenvijftig jaar later waren de rollen omgedraaid. Juliana kreeg toen haar eerste dochter Beatrix, terwijl Henriëtte, Clara, Louise en Joanna in Huis Beek en Royen het naderende einde van hun familie onder ogen moesten zien. De Van de Pollen, die hun levens hadden gegeven voor de Oranjes in de hoop op status, die leefden voor de glorie van hun stamboom, die huwelijkspartners afwezen omdat zij niet aan criteria voldeden, stierven in 1972 uit met de dood van de jongste zuster Joanna.

'MAG IK EENS BELLEN?'

In hun nadagen kwam prinses Juliana hen opvrolijken. Haar veelvuldige bezoekjes waren hoogtepunten – ook voor de Zeistenaren, die massaal toestroomden als de koninklijke auto weer voor de deur van Huis Beek en Royen stond. Vanaf 1938 nam Juliana ook het kroonprinsesje Beatrix mee. 'Het was steeds een zonnestraal die u bracht,' schreef Henriëttes jongste zuster Joanna later aan Beatrix. 'Na de eerste keer weigerde u beslist alle hulp, wandelde bij ons de groote trap alleen op in draf, wandelde door overloopen en gangetjes van het oude huis.'

Maar toen brak de oorlog uit en vertrok de koninklijke familie. De 'zon' verdween naar Engeland en Canada. Het leven in Huis Beek en Royen werd somber. Broer Frits was al in 1937 gestorven en Joanna raakte uitgeput van het verplegen van haar drie oude, zieke zusters. Henriëtte werd bedlegerig. Ze kon nauwelijks lezen, omdat in de oorlog op licht moest worden bezuinigd. 'Het is lastig dat wij zuinig met licht moeten zijn en ik in bed eigenlijk niets kan uitvoeren zonder kunstlicht,' schreef zij op 19 augustus 1941 aan Joanna, die uit logeren was gestuurd om op adem te komen. Met de laatste middelen werd een verpleegster in huis genomen.[4]

Ondanks alles hielden de zusters een wedloop in de oude familiedeugd: vrolijkheid. Op 8 augustus 1941 schreef Henriëtte aan Joanna: 'Wij trachten ons niet door het sombere weer te laten terneer drukken. Lou zit bij mij en is bewonderenswaardig van opgewektheid. Zij brengt mij daar juist roosjes uit den tuin.' Henriëtte was 'in bewondering voor de blijmoedige stemming' van haar zusters en 'schaamde zich dat het haar wel eens moeite kostte om hun voorbeeld na te volgen'. Maar ze deed haar best. 'Op het ogenblik schijnt de zon en verheugen wij ons allen met dankbaarheid,' schreef ze vanuit haar bed.

Nieuwe reden tot blijdschap was er op 31 augustus 1941, de verjaardag van koningin Wilhelmina. De zusters waren 'allen vereenigd in gebed voor het Heil van onze Dierbare Koningin. God zegene HM in dit levensjaar!' Maar toen Joanna na een val ook nog in het ziekenhuis belandde, begaf Henriëttes moreel het dan toch. 'Ik ben erg stijf en pijnlijk,' schreef ze Joanna in het ziekenhuis, 'zuster C. noemt dit aanstellerij, maar ik kan mij heus niet slap houden en dit stemt mij droevig. Hoeveel moeite ik mij ook geef om rustig en stil vertrouwend te zijn. Men hoort maar steeds van zieken.' Gelukkig mocht Joanna thuis komen revalideren. 'Ik heb heel veel reden tot Groote dankbaarheid aan God,' schreef ze aan Henriëtte. 'Wat zal het gezellig zijn wanneer we naast elkaar kunnen liggen.'

In 1943 stierven de twee middelste zusjes, Clara en Louise. Alleen de oudste en de jongste zuster Van de Poll waren toen nog over in het ooit zo drukke Huis Beek en Royen. In haar bed in het donker overleefde Henriëtte de hongerwinter. Na de bevrijding keek ze reikhalzend uit naar een weerzien met Juliana. Maar dat kwam er steeds niet van. Pas begin 1946 maakte Juliana een afspraak voor een bezoek, dat ze vervolgens moest afzeggen omdat ze de mazelen had. De nieuwe afspraak kwam te laat.

Henriëtte overleed op 17 maart 1946, zonder dat ze nog iemand van 'haar' koninklijke familie had teruggezien. Joanna stuurde meteen een telegram naar de koninklijke familie. Geschrokken schreef Juliana terug: 'Het spijt mij zoo ontzettend, dat ons bezoek niet meer tijdens haar leven heeft kunnen plaats hebben.

(...) Ik zou zoo vreeselijk graag nog eens over van allerlei met u spreken. Wanneer de gelegenheid zich voordoet, mag ik dan eens komen? Of komt u liever rustig op Soestdijk, dan is dat ook heel prettig. Mag ik er over een poosje eens over bellen?'

DEEL TWEE

7 *Verdwenen (hof)adel*

Op 6 september 1898 werd Wilhelmina van Oranje Nassau in de Nieuwe Kerk in Amsterdam ingehuldigd als de nieuwe koningin van Nederland. Iedereen die er aan het hof toe deed, mocht bij haar in de buurt staan terwijl zij de eed aflegde. Het kostte veel geschuifel voordat de voltallige hofadel zich op de juiste plaats bevond. De hoogste hovelingen het dichtst bij de koningin en zo stapje voor stapje bij haar vandaan. Henriëtte van de Poll staat uiterst rechts op het schilderij. Als hofdame van de vertrekkende koningin, Emma, was haar rang niet meer zo hoog.

UITVERKOREN

De schilder N. van der Waay legde het tafereel vast op het witte doek met behulp van 'photographieën', anders moest men dagen poseren. Op het door hem vervaardigde schilderij (zie binnenkant omslag) staan Henriëtte en haar collega's voor eeuwig samen toe te kijken hoe Wilhelmina, die ze in hun midden hadden zien opgroeien, koningin wordt. Hun gezichten stralen een religieuze ernst uit. Zij waren de uitverkorenen, door hun adellijke afkomst geboren voor een heilige taak: het hooghouden van de Oranjes.

Dat ze al binnen een paar generaties zouden worden opgevolgd door gewone burgers in plaats van door hun eigen familieleden, zouden de leden van dit gezelschap moeilijk hebben kunnen geloven. Dat de Oranjes zelf bovendien zouden gaan trouwen met afstammelingen van toenmalige boeren, slagers en gewone ambtenaren, nog minder. Evengoed zou je hun hebben kunnen vertellen dat het koninklijk paleis tegenwoordig wordt bestierd door chimpansees.

De personen op het schilderij zijn er oprecht van overtuigd dat de Oranjes het niet kunnen rooien zonder hen. Zij en hun voorvaderen en nazaten fungeerden anderhalve eeuw als de schokdempers onder de troon. Ze wisten alles van de koninklijke hoogheden, ze bemoeiden zich met alles, maar ze zwegen als het graf. De koning mocht zijn vrouw tiranniseren, de hofadel zorgde dat het niet naar buiten kwam. Zij waren de onderaannemers in de statusfabriek Van Oranje.

Op het schilderij hoeft niemand iets te vrezen. Het beeld is bevroren, over drie eeuwen staat iedereen nóg op de toegewezen plaats, op grond van zijn afkomst. De koningin in het midden, de adel om haar heen, het volk buiten de lijst. Maar in werkelijkheid staan tegenwoordig alleen de Oranjes nog op hun oude positie. Verder niemand meer.

Vanaf de Tweede Wereldoorlog heeft een orkaan huisgehouden in de Nederlandse standenmaatschappij. Dat weerspiegelt zich aan het hof. Ruim een eeuw nadat Van der Waay Wilhelmina en haar hofhouding heeft vastgelegd, dwarrelt het stof nog neer. De Oranjes zijn de laatsten in Nederland die een positie bekleden op grond van hun geboorte. Dat geldt voor niemand anders meer in hun buurt; niet of nauwelijks voor hun hovelingen, hun vrienden en hun echtgenoten. De hofhouding bestaat nu vooral uit niet-adellijke professionals, de Oranjes zijn bevriend met burgers, en de nieuwe prinsessen stammen uit de gelederen waaruit de adel van toen zijn werklui rekruteerde. 'Het volk' staat binnen de lijst.

Illustratief voor de uiteengedreven werelden is de brief die de jongste zuster van Henriëtte van de Poll, Joanna, op 8 februari 1966 schreef aan de toenmalige prinses Beatrix. 'Uwe Koninklijke Hoogheid zal nauwelijks weten wie het is, die zich de vrijheid permitteert om u een beetje te schrijven,' schreef ze. De zuster van de hofdame die vierenvijftig jaar lang had gewerkt voor koningin Emma en wier familie generaties lang het contact met de Oranjes had gekoesterd, stelde zich opnieuw aan de toekomstige koningin voor. 'Het is twintig jaar geleden dat ik u voor het laatst ontmoette en ik ben natuurlijk geheel uit uw gezichtsveld verdwenen – maar u niet uit het mijne.'

Joanna herinnerde de prinses aan de middag in 1946, toen Beatrix tijdens een bezoek met haar moeder aan Huis Beek en Royen in Zeist in de tuin had gespeeld. 'Op een gegeven ogenblik liep u naar mij toe met een ondeugend gezichtje en had iets in uw gesloten vuistje dat u mij in de hand stopte – dat was een kikker! – wat hebben wij daarom gelachen!' Beatrix' verloving met Claus was voor Joanna aanleiding om haar trouw aan de Oranjes nog eens te onderstrepen. 'En nu u op het punt staat u te verbinden met den man wien u uw hart geschonken heeft en van wien men tot grote vreugde steeds meer overtuigd is dat hij het waard is om aan uw zijde te staan, kom ik u vragen een zeer persoonlijk klein cadeautje aan te willen nemen...' Ze ondertekende met 'Met de innigste gevoelens van trouw groet ik u zeer hartelijk en moge ik mij noemen: Uw HKH d.esse[1] en zoo liefhebbende J'.

Dat Beatrix haar 'hart geschonken' had aan een vrij eenvoudige Duitse edelman in plaats van aan een prins was voor Joanna misschien al even slikken. Maar niemand in de familie Van de Poll heeft nog kunnen meemaken dat troonopvolger Willem-Alexander en zijn twee broers drie decennia later alle drie trouwden met 'burgermeisjes'.

Een aantal van Henriëttes vroegere collega's hebben die nazaten wel. Waar zijn zij gebleven, de 'overlevenden' van de orkaan? Wat heeft hun eeuwenlange hofdienst de families opgeleverd? Hebben de nazaten nog contact met de Oranjes? En wat vinden zij van het huidige 'burgerlijk huis van Oranje'?

Wij hebben de nazaten gezocht van de achtendertig personen die op het schilderij het dichtst bij Emma en Wilhelmina staan (zie binnenkant omslag en bijlage 1). Vijftien 'overlevenden' spoorden wij op, directe nazaten, één lid van elke familie. Twee van hen waren niet bereid om mee te werken, van zeven anderen lukte het niet de nazaten te vinden of te bereiken, en zeventien personen hadden geen nageslacht. Omdat ze nooit waren getrouwd, zoals Henriëtte van de Poll en Elise van Ittersum, of omdat hun nageslacht was uitgestorven, zoals in het geval van Sebastiaan de Ranitz.

Enig contact tussen adel en Koninklijk Huis is er altijd gebleven. Een aantal van Beatrix' hofdames is getrouwd met adellijke echtgenoten of is zelf van adel, en vooral in de honoraire hofhouding figureren nog adellijke namen. Maar zeker nu de koninklijke familie zelf niet meer met adel trouwt, speelt adel aan het hof geen rol van betekenis meer.[2]

De dertien nazaten van de vroegere hofadel die we konden vinden en spreken, troffen we aan in heel verschillende omstandigheden. Nog een tikje natrillend van de schok. De een op het imposante familielandgoed, de ander op een bescheiden flatje. De meesten kennen elkaar, op zijn minst van naam en uit verhalen. Zoals bloedverwanten elkaar kennen. Wat ze overigens vaak zijn.

Hun voorouders woonden tijdens het hofseizoen allemaal bij elkaar in het Haagse centrum, op loopafstand van het Paleis. In de Nassau Dillenburgstraat in Den Haag bijvoorbeeld woonden de thesaurier, de ceremoniemeester, de grootmeester, de adjudant en de ordonnansofficier. Een nazaat: 'Men ging met elkaar om, men trouwde met elkaar, men wist al generaties lang wat men aan elkaar had. Men adviseerde de Oranjes. "Als u een nieuwe stalmeester nodig hebt, neem dan die en die." Zo bouwde men een solide geheel, waarin de juiste toon in de omgang met de Oranjes bekend was. Niet schreeuwerig, maar ook weer niet te bedeesd. Weten wanneer je erachter moet lopen en wanneer je erachter gaat staan.'

Alexander graaf van Lynden van Sandenburg is de achterkleinzoon van de gravin van Lynden van Sandenburg-barones van Boetzelaer (nr. 31 op het schilderij). Hij is een van de weinige nazaten die nog woont in het kasteel van zijn voorouders op het familielandgoed Langbroek. Zelf maakte hij alleen zijn grootouders mee, die spillen waren in het Haagse hofleven. Er waren voor de oorlog maar weinig adellijke families die niet aan het hof kwamen.

Van Lyndens grootouders woonden, zoals veel adellijke families, 's winters in Den Haag en 's zomers op hun 'buiten'. De adellijke leefwijze kostte veel energie. Alleen voor hun groente hadden de grootouders van Van Lynden al een staf nodig. Zij wilden in Den Haag alleen sla en andijvie eten van hun kasteel in Langbroek. Daartoe reed huisknecht Splinter elke week heen en weer met een van de eerste auto's die op de markt waren. 'Hoeveel dat gekost moet hebben hou je niet voor mogelijk,' zegt hun kleinzoon. 'Alleen al die auto. En al die mensen die daar met schoffeltjes bezig waren om het slabed schoon te maken.'

Die inefficiënte adellijke leefwijze is verdwenen. De huidige financieel-economische evenknie van de toenmalige adel dankt haar positie juist aan zakelijke efficiency: Hans Breukhoven, John de Mol of René Froger zullen niet snel auto's heen en weer laten rijden voor wat kroppen sla. En ze werken hard, wat de adel destijds niet deed.

Adolphine de Zwart-barones van Knobelsdorff vond het als kind 'heel dwaas als iemand een baan had,' vertelt ze. Zij is een nazaat van Adelaïde barones van Knobelsdorff-barones van Pallandt, dame du palais van koningin Wilhelmina (nr. 10 op het schilderij). Adel werkte niet, maar rentenierde.

Adolphine woont nu op een bescheiden seniorenflat. Maar ze groeide op met een jachtopziener, een kamermeisje, een meisje voor de bel, een voor de was en een voor het naaien, een gouvernante en een privéleraar. En dat was nog maar een fractie van de hoeveelheid personeel die haar grootmoeder had. 's Winters woonden zij en haar man in het huis Van Wassenaer-Van Duivenvoorde, op de hoek van de Haagse Kneuterdijk. 's Zomers bewoonden zij kasteel Het Nijenhuis in Overijssel. Hun koetsiers gingen gekleed in de Van Knobelsdorff-kleuren blauw met zwart.

Adellijke kinderen gingen niet naar school, maar kregen privéonderwijs. 'Van mijn jeugd herinner ik mij vooral dat wij altijd achter het hek in de tuin zaten. Ik zag geen andere kinderen dan mijn broers en zusjes,' zegt Adolfine. Ook met hun ouders hadden adellijke kinderen weinig contact. 'Als er iets was, ging je naar je gouvernante toe, niet naar je moeder.'

De adellijke leefwijze had veel gemeen met de koninklijke. In beide milieus was men gewend aan personeel, aan afstand tot de eigen ouders en aan isolement ten opzichte van 'gewone' mensen. Net als de koninklijke familie kende de adel groot belang toe aan vorm, zeker in de contacten met de Oranjes. Als prinses Juliana bij haar ouders op bezoek kwam, zo vertelt Anna Maria barones van Hardenbroek, achterkleindochter van opperkamerheer Karel Jan Gijsbert baron van Hardenbroek (nr. 19 op het schilderij), moesten zij en haar twee zusjes een knicksje maken, een kniebuiginkje.

Anna Maria woont nu in een Heemsteedse flat, maar aan haar muur hangen twee schilderijen van achttiende-eeuwse voorouders met op de achtergrond het schitterende kasteel Hardenbroek. Dat kasteel is niet in haar familie gebleven. Ook zij groeide op omgeven door personeel. Met als parel 'dikke Mien', die in haar keuken vaak kookte voor prins Bernhard. Hij kwam weleens logeren.

Prins Bernhard jaagde veel met de vader van de barones, de jagermeester in buitengewone dienst van Juliana. In de hal van de Heemsteedse flat doet de poot van een door vader geschoten olifant nog dienst als paraplubak. Juliana haatte de jacht, maar voor het diner kwam ze soms wel mee. De barones herinnert zich hoe verlegen prinses Juliana was. 'Als ze binnenkwam, trok ze altijd haar rechterschouder een beetje op.'

Als vader en moeder Van Hardenbroek gingen eten op Soestdijk, moesten ze altijd spelletjes doen. 'Juliana was daar dol op. Mijn ouders minder, die deden maar alsof ze het leuk vonden.' Dat was de adel gewend, zich plooien naar de koning(in). Trouw en loyaliteit aan de Oranjes was er met de paplepel ingegoten. Om discretie hoefde niet gevraagd te worden, die was er.

Veel hofgeheimen zijn met adellijke hofdienaren het graf in gegaan. 'Mijn grootvader heeft de vertrouwelijke brieven die hij van Emma en Wilhelmina kreeg allemaal verscheurd. Mijn vader riep nog: "Niet doen! Dat is geschiedkundig toch ontzettend aardig." Maar mijn grootvader zei: "Nee, 't is toch te veel de privacy," zegt Charlotte Evelein-barones Bentinck. Zij is de achterkleindochter van de opperstalmeester Constant Bentinck (nr. 20 op het schilderij). Haar grootvader volgde hem in die functie op.

Charlotte, die bevriend is met prinses Margriet, leerde het belang van discretie zelf ook. 'Als kind al wist ik: wat ik daar thuis hoorde, zei je niet verder. Dat was vanzelfsprekend. Daar heeft een ander niks mee te maken.'

Jonkheer Wouter van de Poll, kleinzoon van een adjudant van de koning, jonkheer Willem van de Poll (nr. 39 op het schilderij), wil ruim een eeuw na de dood van Willem III nog niet bevestigen dat zijn grootvader koning Willem III een potentaat zou hebben gevonden. 'Ik word liever niet in dat verband genoemd,' zegt hij in zijn bescheiden huis in een nette Haagse buurt.

Van de Poll, die via zijn grootvader verre familie is van Henriëtte van de Poll,[3] vertelt dat de Oranjes de trouwe adel vaak beloonden met cadeautjes. 'Ziet u dat porseleinen schoentje daar?' vraagt hij, wijzend naar een glazen kast. 'Dat kreeg mijn grootvader van koningin Wilhelmina, nadat hij haar als adjudant in Venetië had geholpen met haar kapotte schoentje.'

Aan de innige contacten tussen adel en Oranjes kwam een abrupt einde door de Tweede Wereldoorlog. Die oorlog werd het oog van de orkaan die de oude standenmaatschappij voorgoed deed verdwijnen. De adel verloor zijn vermogen, dat vaak toch al verdampt was door de Russische Revolutie, de Eerste Wereldoorlog en de beurskrach van 1929. En de koningin vertrok naar Engeland.

'Met de partijen, diners, visites en jours was het over en uit,' zegt Van Lynden. Het personeel verdween, voor hen was er geen geld en geen eten meer. En adellijke dames moesten iets gaan doen wat ze nooit hadden gedaan: zelf koken. Als er tenminste iets te koken wás. Bij de Van Lyndens op landgoed Langbroek was graan. 'Daarvan maakte mijn moeder de meest walgelijke roggepap,' vertelt Van Lynden. 'Als ik eraan denk, word ik nog onpasselijk. Om die min of meer eetbaar te maken, maakte ze stroop van voederbieten. De bieten gingen in de pan. Als ze bruin waren, was er één ideale seconde om de pan van het vuur te nemen. Die seconde werd negenennegentig op de honderd keer gemist, en dan was het hartstikke bitter. Maar je smeerde de rotzooi toch maar door die smerige pap heen.'

Marie Liliane Groeninx van Zoelen-Waller, kleindochter van adjudant Gijsbert baron van Heemstra (nr. 2 op het schilderij), die in de oorlog aan het Haagse Lange Voorhout woonde, ging een keer in de week 'met een grote pan naar de gaarkeuken voor een gehaktbal en een soort grijsbruine soep'. De familie kreeg kennissen ingekwartierd, de oudere 'ooms' baron Van Wassenaer, jonkheer Den Tex en de directeur van de melkfabriek Van Doorn. 'In de hongerwinter sliepen we voor de warmte allemaal samen in één bed,' zegt Marie Liliane. 'Met onze kleren aan. Mijn moeder en ik hadden vaak de slappe lach. Twee van de ooms waren een beetje doof, een was een beetje dom. Dus je hoorde steeds maar: "Wát zeg je?"'

Veel adellijke families waren verwant met de Duitse adel. Mevrouw De Zwart-van Knobelsdorff: 'Als er een Duitser aanbelde, zeiden we: "Hier woont Freiherr von Knobelsdorff." Nou, dan waren ze gelijk weg.' Soms leidden die Duitse contacten tot een keuze voor de bezetters. Dame du palais Thora van Loon-Egidius (nr. 35 op het schilderij) was niet de enige die na de oorlog door koningin Wilhelmina werd verstoten wegens haar pro-Duitse sympathieën. Wilhelmina 'zuiverde' de hele hofadel. Volgens de nazaten werden sommigen 'wel erg streng beoordeeld'.

Koningin Wilhelmina vond na haar 'onderduik' in Engeland verzetsstrijders en oorlogsveteranen überhaupt interessanter dan de adel. Dit 'renversement des alliances' van de koningin kwam ook voort uit emancipatiedrang. Wilhelmina en Juliana ervoeren het leven te midden van 'gewone mensen' in Engeland en Canada als een bevrijding van de adellijke argusogen, die hen vanaf hun vroegste jeugd kritisch hadden bestudeerd.

Adellijke dames hadden hen opgevoed volgens de strenge adellijke etiquette. Tot op de millimeter was hun voorgeschreven wat ze aan moesten hebben, hoe ze een kamer moesten binnenkomen, hoe ze moesten zitten, praten, lopen. Hun uiterlijk werd genadeloos afgekeurd. 'Het kind lijkt te veel op haar vader om distinctie te hebben,' noteerde Cornelia barones van Wassenaer van Catwijck op 17 januari 1911 in haar dagboek over de pas tweejarige prinses Juliana. Eenmaal volwassen voelden zowel moeder als dochter zich nog steeds erg bekeken. 'De kooisfeer', zo noemde Wilhelmina de atmosfeer waarin zij opgroeide.

In hun ballingschap werden Wilhelmina en Juliana voor het eerst omringd door 'gewone' mensen, die de adellijke codes niet kenden. Bij 'het volk' kon de koningin zelf de codes bepalen. Het maakte niet uit hoe Wilhelmina eruitzag, of hoe ze zich gedroeg. Alles wat ze deed was goed, want zij was De Koningin. Wie op grond van afkomst altijd uitgesloten was geweest van omgang met de Oranjes, vond het een exotische ervaring om bij haar in de buurt te zijn. En als Wilhelmina of Juliana 'gewoon' tegen hen deed, was dat voor hen veel buitengewoner dan het ooit voor de adel was geweest. Zo leerden de Oranjes hun moderne macht, die vooral sociaal van aard is, kennen in de oorlog.

Na die oorlog werkte Juliana mee aan het doodvonnis van haar oude keurmeesters, de cipiers van 'de kooi'. Met het geheime kabinetsbesluit dat in 1953 werd genomen om leden van regentengeslachten niet meer in de adel op te nemen, werd de levensader afgeknepen. Terwijl de Oranjes juist meer betekenis kregen. De Tweede Wereldoorlog versterkte de positie van de koningin als nationaal eenheidssymbool. In Nederland ontstond gaandeweg een nieuw sociaal systeem, waarin iedereen gelijkwaardig was, met als enige uitzondering de koninklijke familie.

Een 'lachertje', zo noemt een edelman dat nu. 'Je kunt niet serieus zeggen dat standen er niet toe doen, als je zelf bovenaan blijft staan. Wilhelmina noemde zichzelf gelijkwaardig aan de armste bedelaar, maar ze wilde wel dat elk stoplicht voor haar op groen sprong.'

SOCIAAL KAPITAAL

Vlak na de oorlog leefde de adellijke cultuur nog een keer op, een laatste stuiptrekking. Van Lynden: 'Vanaf 1946 werd het een uitspatting. Ik denk dat er geen generatie is van jeugdig opgroeiende personen die zoveel feesten heeft meegemaakt als die van mijn zuster en mij. Vaak had je twee grote partijen op een en dezelfde zaterdag, en dan probeerde je uit te vinden waar de leuke meisjes heen gingen om te kiezen.'

Elisabeth gravin van Rechteren, kleindochter van Adolphine gravin van Limburg Stirum, hofdame van Wilhelmina (nr. 7 op het schilderij), vertelt op het imposante familiekasteel in Dalfsen over haar *coming-out party* in 1956, toen ze achttien werd. 'Mijn ouders gaven een feest voor mij, zodat ik na een verblijf in Engeland in één keer een heleboel tijdgenoten ontmoette. De kinderen van mijn ouders' vrienden. De helft van hen had ik nog nooit gezien.'

Het bal begon om acht uur. 'Dan danste je tot half twaalf, er was een orkest,' vertelt de gravin. 'Om half twaalf begon de souperdans, waarbij de jongens de meisjes uitnodigden om met hen te gaan souperen. In de paardenstallen. Daar stond het souper, op tafels met veel porselein, glas, gepoetst koper, boeketten. En lijsterbessen in de paardenruiven. Wie mij vroeg? Ik geloof Albert Texeira de Mattos.'

Kroonprinses Beatrix was er ook. 'Als kinderen van je ouders kwam je mekaar weleens ergens tegen,' zegt de gravin daarover. Maar verder had het hof niet echt deel aan de adellijke opleving. Juliana was niet zo *outgoing*, zij deed het liefst spelletjes bij haar thuis. Prins Bernhard had niets tegen adellijke feesten, integendeel, maar hij zocht zijn heil liever in het buitenland, waar oude adel en nieuwe jetset veel bruisender feesten en partijen gaven. De relatie met zijn vrouw bereikte in de jaren vijftig een dieptepunt, hetgeen Juliana's zelfvertrouwen niet bevorderde. Het laatste waar ze zin in had was het stralend middelpunt zijn op bals. 'Als Juliana ergens binnenkwam, kroop ze tegen de muur aan,' herinnert Marie Liliane Groeninx van Zoelen zich. In 1955 was haar (eerste) huwelijk met de toenmalige ambassadeur van Oostenrijk, Erich A. Filz Edler von Reiterdank, een hoogtepunt in het Haagse societyleven, met vijftienhonderd genodigden. Maar Juliana kwam niet. 'Ze stuurde de grootmeester en een bos bloemen.'

Juliana's verlegenheid en haar gescheiden huwelijkse leven hadden als consequentie dat Beatrix en haar zusters opgroeiden zonder het 'sociale kapitaal' dat in adellijke en koningsgezinnen gebruikelijk was. Juliana deed spelletjes en toneelstukjes in klein vertrouwd gezelschap, terwijl Bernhard zijn eigen sociale leven organiseerde los van zijn gezin. Toen Beatrix eenmaal volwassen was, was het contact tussen haar en de adel niet meer zo vanzelfsprekend als vroeger. 'Ik kwam haar weleens tegen bij de Bonneterie,' zegt Marie Liliane Groeninx van Zoelen. 'Dan knikte ze. Maar zij maakte nooit een praatje.'

De naoorlogse adellijke stuiptrekking bezweek aan geld- en personeelsgebrek. Veel families verkochten de familiekastelen. Het vroegere familiekasteel Salentijn van Maurits van Haersma de With, de achterkleinzoon van jagermeester Jan Hendrik van Haersma de With (nr. 6 op het schilderij), is tegenwoordig het kantoor van een auto-importeur. Van Haersma kijkt erop uit vanuit zijn wat kleinere huis De Berencamp, dat al sinds 1925 in de familie is.

Het vroegere familieslot van de familie Alberda van Ekenstein is een hotel geworden. Peter Alberda van Ekensteijn, de achterkleinzoon van kamerheer Willem Alberda van Ekenstein (nr. 40 op het schilderij), in zijn moderne villa: 'In mijn Groningse studententijd kwam ik nog weleens op Ekenstein, dan kreeg ik een gratis kopje koffie van de manager. De studeerkamer van mijn grootvader was een wc geworden. Ik ga er nooit meer heen.' Anna Maria van Hardenbroek: 'Ik geloof dat ons vroegere huis tegenwoordig een bordeel is.'

Wie zijn kasteel wél aanhield, merkte dat eigen grond minder heilig was dan voor de oorlog. Recreërende gezinnen liepen brutaalweg langs het bordje VERBODEN TOEGANG van het kasteel Rechteren. De gravin van Rechteren: 'Mijn vader noemde ze "de denkers", omdat ze, als ze betrapt werden, zeiden "Ik dacht dat het mocht".' De gravin heeft als kind weleens 'gewenst dat ze een lelijk huis' had. 'Stelt u zich voor dat iedereen steeds je huis in wil. Toen ik veertien was, in 1953, lag ik een keer een boek van Agatha Christie te lezen, met mijn hond. Mijn ouders waren even weg met zijn beiden, en we zouden gasten krijgen voor de thee, daarom stond alles uitgestald. Ik keek uit het raam, en zag daar plotseling een wildvreemd gezin op ons terras zitten. Moeder en de kinderen achter de theetafel, pa stond het geheel te fotograferen. Ik zei: "Wat doet u daar?" Waarop die dame brutaal vroeg "Wat doet ú daar?" "Wonen," antwoordde ik. Toen rende mijn poedel op ze af. Als fretten in een konijnenhol schoten ze de stallen in en pakten hun fietsen.'

In de jaren zestig en zeventig kwam de progressieve gelijkheidsgolf pas echt over Nederland. Adellijke titels werden iets om je voor te schamen. Jonkheer Huibert Lenhardt Verspyck, achterkleinzoon van jonkheer Gustave Marie Verspyck, adjudant van Willem III (nr. 30 op het schilderij), durfde als puber zijn naam niet eens te noemen. 'Dan was het van "Hoe heet jij? Lenhardt? Bedoel je soms Leen?" Ze maakten grappen, zo van "Van Voorst tot Voorst, dat is maar een klein eindje".'

Digna van Exel-barones Schimmelpenninck van der Oye, achterkleindochter van Charles Dumonceau, particulier secretaris van koning Willem III (nr. 23 op het schilderij), had het zwaar op kostschool. 'Als andere meisjes die naam op mijn hutkoffer zagen staan, concludeerden zij dat ik wel een verwend nest zou zijn. Ik heb veel moeite moeten doen om het tegendeel te bewijzen.'

Mariëtte van Limburg Stirum, achterkleindochter van jonkheer Jacobus Hoeufft van Velsen (nr. 32 op het schilderij), kon niet aan een kantoorbaantje komen. 'Ze dachten dat ik als gravin niet met gewone mensen kon omgaan.'

Alberda van Ekenstein stelt zich voor als 'Alberda'. Hij geeft niets om zijn titel, zegt hij, maar voor zijn schilderijen heeft hij wel gevochten. Een 'hele lelijke' voorvader uit 1820 hangt in de gang, 'om de dieven af te schrikken'. Hij heeft hem pas sinds kort weer terug. Zijn vader had de schilderijen voor de oorlog uit voorzorg in beheer gegeven aan het Rijksarchief in Den Haag, en vergat ze vervolgens. Toen Alberda ze terugvroeg, achtte het Rijksarchief zijn erfenis verjaard. Alberda: 'Een van die schilderijen hing inmiddels in de ministerskamer van Onno Ruding.' Alberda besloot zich daar niet bij neer te leggen. Na tien jaar 'knokken' kreeg hij zijn gelijk.

De houding van het Rijksarchief past in het nieuwe patroon van het naoorlogse Nederland: een nivellerende overheid, zonder ontzag voor adellijke afkomst. Begin jaren tachtig voelde Maurits van Haersma de With plotseling een enorme woede opkomen toen 'een rooie rakker' bij de burgerlijke stand weigerde om de adellijke titels van zijn kinderen te vermelden. 'Hij vond dat niet nodig, zei hij. Nou, toen had-ie een kwaaie aan mij.'

ONTROUW

De officiële adelchefs, de Oranjes, schoten hun oude bondgenoten niet te hulp in hun benarde positie. Integendeel. Toen Beatrix in 1980 koningin werd, veegde ze de adel grotendeels haar hofhouding uit. Ze ging het hof, dat onder Juliana een 'liefdevolle chaos' was geworden, leiden als een bedrijf. Daarbij paste een selectie op professionele capaciteiten, niet op afkomst. Het paleis werd definitief ontdaan van de adellijke zwier en zwaai. Het werd functioneel.

Maar niet alleen het hof was de adel ontrouw. Ook de adel was de adel ontrouw. In de nieuwe potpourri van rangen en standen gingen adelstelgen massaal mesalliances aan met gewone burgers. 'Het gebeurt de laatste decennia nog maar zelden dat je een huwelijksannonce krijgt waarvan je beide namen kent,' merkt een van de nazaten op. 'Meestal denk je: waar komt dat meisje of die man in godsnaam vandaan?'

De vader van Adolphine de Zwart-barones van Knobelsdorff huwde de huishoudster van zijn ouders, Jannetje Bredewout, Adolphines moeder. Tout Den Haag was in rep en roer. Als gevolg van de commotie heeft Adolphine noch haar familie van vaderszijde, noch die van moederszijde gekend. De familie van vaderskant wilde niet langskomen, die van moederskant durfde niet. 'Die ene keer dat mijn grootouders van moederskant op bezoek kwamen, waagden ze zich niet verder dan onze keuken,' zegt Adolphine. 'Mijn broer heeft ze nog een handje gegeven. Pas naderhand hoorde hij dat het onze grootouders waren.'

Om aan het oog van 'de wereld' te ontsnappen, trouwden de ouders van Van Haersma de With, wiens moeder niet van adel was en bovendien katholiek, in Engeland.

De ouders van Digna Schimmelpenninck waren niet blij toen

Digna met boerenzoon Leo van Exel thuiskwam, dertig jaar geleden. Digna was de eerste van haar familie die niet met iemand van adel trouwde. 'Maar waarschijnlijk ook de eerste die een gelukkig huwelijk heeft,' zegt Digna. Er waren wel cultuurverschillen binnen het 'ongelijke' huwelijk van Digna en Leo. Tot afgrijzen van Digna's moeder verkondigde Leo's moeder bijvoorbeeld overal dat haar zoon een barones aan de haak had geslagen. Dat ging tegen alle codes in: adel praat nooit over standen, hoe belangrijk ze ook zijn. Vanwege de spanningen tussen de grootmoeders vierde Digna de verjaardagen van haar kinderen met ieder van hen apart. In de loop der jaren brak Digna rigoureus met het adellijke keurslijf. 'Vroeger mocht ik het woord wc niet uitspreken. Op onze wc hangen nu tegelgrapjes als "De taaiste biefstuk van de slachter komt hier terecht maar wel veel zachter" en "Het is niet alleen eigen roem wat hier stinkt". Ik ben blij dat ik van de angst voor burgerlijkheid af ben.'

Charlotte Bentinck trouwde met een Delftse student die niet van adel was. Haar vader vond dat 'een beetje jammer', maar niet erg. 'Mijn vader was absoluut geen snob,' zegt Charlotte. Het echtpaar Hoeufft van Velsen vond nog net op tijd een adellijke oplossing voor een niet-adellijke flirt van hun dochter met een Rus. Toen zij ongetrouwd in verwachting raakte van hem, werd de homoseksuele graaf van Limburg Stirum bereid gevonden om met haar te trouwen. Mariëtte gravin van Limburg Stirum: 'Ik bén dus eigenlijk helemaal geen gravin, dat maakt die titel nog vervelender.'

Haar moeder was in de jaren zestig overigens wel bereid om Mariëtte een mesalliance te laten aangaan met een niet-adellijke, maar veelbelovende jongen: Laurens-Jan Brinkhorst. Laurens-Jans moeder, die goed met haar bevriend was, drong volgens haar op de verbintenis aan. 'Mevrouw Brinkhorst was heel aardig, maar ze wilde graag hogerop,' vertelt Mariëtte. 'Ze pushte haar zoon ontzettend. Maar ik vond Laurens-Jan veel te serieus. Zelf zag hij het ook niet zitten. Hij heeft me nog een keer meegenomen naar het Semperbal in Leiden, waar ik me stierlijk heb verveeld.' Mariëtte is nu getrouwd met Henk, de zoon van een glaszetter, terwijl Laurens-Jan tegenwoordig vader is van een prinses. Mariëtte: 'Als zijn moeder dat nog had mogen meemaken!'

'HET IS ONS MILIEU NIET MEER'

Het 'nieuwe hof' van Beatrix was voor de adel geen vanzelfsprekend 'thuis' meer. Met afgrijzen herinnert Marie Liliane Groeninx van Zoelen zich een ontvangst bij Beatrix in de jaren tachtig. Met haar tweede echtgenoot, Frederik Groeninx van Zoelen, was ze uitgenodigd voor het afscheidsdiner van een met hun bevriend Italiaans ambassadeursechtpaar. Tevoren kwam er een telefoontje: of ze haar cv wilde opsturen. 'Idioot,' vond Marie Liliane. 'Ze kennen mij toch? Trouwens, ik heb nooit gewerkt, dus ik heb helemaal geen cv.'

Marie Liliane trof Paleis Noordeinde, waar haar familie vroeger kind aan huis was, 'kil en onpersoonlijk' aan. 'Dan sta je daar in een hoogst onaantrekkelijke ruimte, er ligt nergens een boek of een tijdschrift, het is er kaal en grijs.' Marie Lilianes kennis van de hofetiquette bleek niet up-to-date en Beatrix was duidelijk niet geneigd om herinneringen op te halen aan oude tijden. 'Alles wat je fout kán doen, heb ik fout gedaan. Ik stond te praten met de Italianen, toen de koningin erbij kwam. Naderhand is mij verteld dat ik toen onmiddellijk weg had moeten gaan, om de koningin de gelegenheid te geven haar gesprek te voeren.' Even later stond Marie Liliane weer ergens in de weg. 'De grootmeesteres van de koningin, Martine Labouchere, die nogal groot en sterk is, greep mij bij de arm, sleepte mij weg en duwde mij in een hoek. "Daar komt de koningin zo langs," zei ze.'

Toen het tijd was om te gaan eten, betrad het gezelschap een spierwitte ruimte. 'Niet crème,' zegt Marie Liliane, 'maar fel wit. Het plafond, het houtwerk, de muren, alles wit. Er stond alleen een klein bosje oranje bloemetjes. De tafel was zo breed, dat je niet kon praten met de mensen tegenover je. Gelukkig zat ik naast

Henk van Os[4], die altijd wel iets leuks te vertellen heeft. Beatrix zat aan zijn andere zijde. Van Os zei iets waar ik om moest lachen, maar kennelijk deed ik dat te hard, want de koningin staarde mij aan met een strenge blik en draaide haar hoofd om.'

Na de lunch stelde Marie Liliane zich voor de zekerheid op bij een blinde muur. 'Hier kan ik niet veel kwaad,' dacht ze. Maar voor ze het wist, had Martine Labouchere haar weer bij de arm om haar weg te slepen. Eenmaal buiten dacht ze: 'Wat ben ik blij dat ik hier weg ben.' Marie Liliane vindt de Engelse koningin Elizabeth, die ze weleens heeft ontmoet, beter in smalltalk dan Beatrix. 'Elizabeth heeft iets *cosy's*. Zij praat gezellig over haar hondjes, heeft minder moeite met haar sociale functie.'

Anna Maria van Hardenbroek voelt zich met de nieuwe Oranjes niet meer zo verbonden, al vlagt ze nog wel op hun verjaardagen. 'Ik geloof niet dat ze al die oude mensen nog willen, daar,' zegt ze nuchter. Na enig aandringen verduidelijkt ze: 'Ik geloof niet dat het nog erg select is, wie daar mogen komen. Beatrix heeft nog een paar hofdames van gelijke tred, Van Loon, Van Karnebeek en Miente Boellaard. Maar een zoon van de koningin die aankomt met een meisje Brinkhorst, dat had je vroeger echt niet kunnen bedenken.' Even later verzucht ze zachtjes: 'Ach, zie je, het is eigenlijk ons milieu niet meer.'

KÖNIGSNÄHE

Het erfgoed van de *Königsnähe*, ooit vanzelfsprekend van generatie op generatie overgedragen, is bij elf van de dertien[5] geïnterviewde nazaten in rook opgegaan. Slechts twee van hen hebben de afgelopen jaren wat intensiever contact gehad met de oude chefs van hun voorouders. Charlotte Bentinck is sinds de vierde klas van de lagere school bevriend met prinses Margriet.

De zoon van Van Lynden heeft weleens gejaagd met Willem-Alexander en Constantijn. Zelf jaagde hij met prins Bernhard, die hij, 'nou ga ik een beetje opscheppen', als een vriend beschouwde. Er staat ook een portret van de prins in zijn salon. Van Lyndens dochters zijn omgegaan met de zonen van Beatrix. Maar van verliefdheden is nooit sprake geweest. 'Daar ben ik blij om, het voorkomt ingewikkelde toestanden,' zegt Van Lynden. 'De Oranjes trouwen niet met Nederlandse adel.'

Bij de overige geïnterviewden is het contact met de Oranjes verwaterd, als het al ooit heeft bestaan. Jonkheer Wouter van de Poll heeft Wilhelmina één keer gesproken, heel kort. 'Ze was op inspectie in het leger en ik was officier. Toen sprak ze toevallig mij aan, ze had ook een ander kunnen vragen "Hoe vindt u het hier?" Dat was het.'

Alberda van Ekenstein heeft in zijn jeugd een dansje gemaakt met prinses Irene, op een 'partij' op de Haagse golfclub. Daar is het bij gebleven. Maurits van Haersma de With ontmoette Willem-Alexander een keer tijdens een bijeenkomst van de protestantse adelsvereniging Johanniter Orde. 'Maar als je hem zou vragen "Wie is Maurits van Haersma de With?", dan weet hij dat niet.'

Mariëtte gravin van Limburg Stirum ontving haar leeftijdsgenote Beatrix een keer in haar galerie aan het Haagse Noordeinde. 'Ze loopt hier natuurlijk weleens.' Eerst belde de secretaresse om Beatrix' komst aan te kondigen. 'Ik geloofde het niet. Mijn man, die net onder de douche stond, begon te vloeken. Maar ze was erg aardig en heeft drie dingen gekocht. Mijn man zei altijd: "Op de momenten dat het uitkomt, moet je gewoon je voordeel met je titel doen." Dus zei ik mijn achternaam maar eens heel duidelijk. Maar Beatrix reageerde er volstrekt niet op.'

Mariëttes moeder zou trots op haar zijn geweest. Bij leven had ze tevergeefs geprobeerd de oude familiebanden met de Oranjes te herstellen. 'Ik zei weleens tegen haar: "U houdt meer van Beatrix dan van mij,"' zegt Mariëtte. 'Maar ik geloof niet dat ze op het paleis erg serieus werd genomen.' Bij de Oranjevereniging werd de 'Oranje-gravin', zoals de bijnaam van Mariëttes moeder luidde, wél met open armen ontvangen. Maar na een ruzie werd ze geroyeerd als lid.

Na haar dood liet ze haar zorgvuldig opgebouwde Oranjecollectie na aan het Oranjemuseum in Baarn. Geïntrigeerd door haar gravinnentitel reisde de museumdirecteur af naar het appartement van de overledene, om de collectie te bekijken. Maar de boeken vol plakplaatjes die hij aantrof, beantwoordden niet aan zijn verwachtingen. 'Zelfs het prinsessenalbum wilde hij niet hebben,' vertelt Mariëtte. 'Dat vond ik zo tragisch. Ik heb hem toen een beeldje van Wilhelmina in zijn handen gedrukt met de smeekbede "Zet dit alstublieft in uw museum met de naam van mijn moeder erbij".'

Maar veel adel was juist blij dat de knellende band met het hof werd verbroken. Aan de hechte band van haar ouders met de Oranjes heeft Anna Maria zelfs een traumatische ervaring te danken: genezingssessies met Greet Hofmans. Omdat Anna Maria na een operatie haar stem was kwijtgeraakt, regelde haar moeder op advies van Juliana een consult bij haar. 'Ze keek me doordringend aan, met een soort vissenogen, en zei: "Jij wordt concertpianiste." Totale onzin. Als ik bij haar vandaan kwam, kreeg ik hallucinaties. Ik droomde ook verschrikkelijk. Het was alsof ik allemaal enge dingetjes om me heen had als ik bij haar was geweest.'

Anna Maria was niet de enige hofconnectie die onder Hofmans' hoede belandde. Tante Loekie de Beaufort onderging hetzelfde lot. 'En zij kreeg die hallucinaties óók,' zegt Anna Maria. Toen haar moeder de behandeling stopzette, was behalve Anna Maria nog iemand daar blij om. 'Tijdens een diner bij ons thuis sloeg prins Bernhard zijn arm om mij heen en zei: "Kind, wat ben ik blij dat jij dáár weg bent."'

Anna Maria van Hardenbroek zei in de jaren vijftig gewoon 'nee' toen ze werd gevraagd om gouvernante te worden van Margriet en Christina. Tot ontzetting van haar vader, die haar een 'flierefluiter' vond. Als het voor de oorlog was geweest, was het niet in haar hoofd opgekomen om te weigeren, vermoedt de barones. 'Maar na de oorlog voelden de mensen zich vrijer.' Of, zoals Alberda van Ekenstein het formuleert: 'Ik vond mijzelf belangrijker dan de Oranjes.'

In eerste instantie zeggen de nazaten van de oude hofadel op het schilderij het uitstekend te vinden dat de Oranjes nu 'gewone' mensen om zich heen hebben en met 'gewone' mensen trouwen. 'Ze zijn meegegaan met hun tijd, dat kan toch niet anders,' zegt Adolfine de Zwart-van Knobelsdorff. Pas in tweede instantie, na een tijd doorvragen, blijkt hoe diep hun standsgevoel is geworteld. 'Er zijn toch ook vlotte jonge meisjes onder de adel?' vindt iemand.

'Ik ben blij dat ik Laurentien en Mabel nooit een hand heb hoeven geven, want dat "prinses" krijg ik moeilijk over mijn lippen,' zegt een van de nazaten. 'Tegen Mabel en Laurentien opkijken? Ik kijk op ze neer,' zegt een ander zichtbaar geëmotioneerd. 'Hiërarchisch gezien staan ze aan de top van de adel,' zegt een nazaat, 'maar voor mijn gevoel klopt dat niet. Het heeft wel iets geks dat je, huppetee, prinses wordt. En dat iedereen dan, omdat je prinses heet, denkt "Oh! een prinses!".' Adolphine de Zwart: 'Als ik die prinsessemeisjes zie, denk ik: het is toch gewoon allemaal schijn? Het was al schijn, maar de schijn wordt nu wel heel evident. De Oranjes kunnen niet meer peuren uit dure situaties. De piramide die ze onder zich hadden, is weg. We gaan langzamerhand toch toe naar een president.'

Unaniem vrezen de nazaten dat de Oranjes zonder de adellijke buffer kwetsbaarder zijn geworden voor 'goudzoekers'. Iedereen kan nu met ze in contact komen. De grote sociale status die zij te bieden hebben, is te aantrekkelijk. Aan gearrangeerde huwelijken onder koningskinderen zaten nadelen, maar als prins(es) blootgesteld worden aan de ambities van 'sociale klimmers' is ook niet ideaal. 'Natuurlijk trouw je niet "toevallig" met een prins(es),' zegt Marie Liliane Groeninx van Zoelen. 'Dat moet je écht willen. Een Duitse kennis heeft mij ooit verteld dat Claus, toen hij Beatrix nog niet had ontmoet, al zei dat hij met een prinses wilde trouwen. Hoe kan het eigenlijk ook anders?'

Of de Oranjes genoeg mensenkennis hebben om zich te beschermen tegen *social climbers*, daaraan wordt massaal getwijfeld. 'De Oranjes kúnnen niet genoeg mensenkennis hebben,' zegt een nazaat. 'Tussen hen en de rest van de wereld zit een soort kippengaas. Iedereen kijkt ze naar de ogen en ze hebben dat niet door. In hun positie word je gauw onzeker. En dan is het heerlijk als er wordt gevleid. Zo komen er onherroepelijk minder oprechte mensen bij hen in de buurt.' 'Je ziet het misgaan. Je ziet het eigenbelang bij die anderen. Ze kiezen hun vrienden heel ruim,' zegt een ander. 'Zelf zijn ze gevoelig voor mensen met geld,' meent een derde. 'Willem-Alexander en Máxima zijn nu hecht met René en Natasja Froger. Dat was toch echt niet gebeurd als Froger nog op een etage boven café Bolle Jan had gewoond.'

Dat Beatrix naast prinsessen ook graven en gravinnen creëert, wordt met verbazing aanschouwd. Voor de adel is een 'sterfhuisconstructie' bedacht, maar van Beatrix' eigen kleinkinderen, die allemaal 'burgerlijke' moeders hebben, worden graven en gravinnen gemaakt. Zefs al behoren hun ouders niet tot het Koninklijk Huis. 'De adel was toch afgeschaft?' zegt iemand. 'Dat gestrooi met titels binnen die familie kan ik niet volgen.' Het gekste voorbeeld daarvan is Pieter van Vollenhoven, die gewoon 'mijnheer' of 'mr.' is, terwijl zijn schoondochters prinsessen zijn.

Rangen en standen mochten in Nederland in de jaren zestig en zeventig niet meer bestaan. Maar dat betekent niet dat ze niet toch bestonden. Het elitaire denken over 'onze kring' is alleen enkele decennia ondergronds gegaan. De laatste tijd durft adel zich weer meer als adel te profileren. Adellijke lieden zoeken elkaar op tijdens adelscongressen, waarbij tegenwoordig zelfs pers wordt uitgenodigd. Het houdt nog wel iets in, van adel zijn, vinden veel nazaten, al was het maar vanwege de gedeelde historie. Ze merken het als ze 'onder elkaar' zijn. Dan bespreken ze 'de dingen toch makkelijker,' zegt een nazaat. Charlotte Bentinck: 'Toen mijn zoon niet zo lang geleden met een barones trouwde, zei mijn moeder "Dat had pappie toch wel leuk gevonden".' Een andere nazaat: 'Ik geloof wel dat ze bestaan, edele gelaatstrekken.

Dat je aan iemand ziet waar ie vandaan komt.'

Michael van Steyn, achterkleinzoon van Joan van Steyn, intendant van Het Loo (nr. 9 op het schilderij), neemt wat dit betreft een vreemde positie in in het gezelschap. Zijn overgrootvader was een van de weinigen in de groep rond de koningin die niet van adel was. 'Ik begin mij nu af te vragen waarom eigenlijk niet,' zegt Michael. Toch merkte hij, toen hij in dienst ging, wel dat er geheimzinnige netwerken bestonden. Hij werd ingedeeld bij de Huzaren van Boreel, een soort elitekorpsje binnen het leger. 'Er zaten veel jongens van adel bij. Jan met de Pet kwam daar niet. Toen heb ik gedacht "Wie weet heeft dit te maken met het verleden".'

Het aantal adellijke vrienden in de kennissenkring van de toekomstige koning van Nederland is de laatste jaren weer opvallend. Jonkheer Frans de Beaufort en Tijo baron Collot d'Escury waren getuigen bij zijn huwelijk. Een Bentinck en een Loudon figureerden tussen het bruidspersoneel. Het verschil met vroeger is dat tegenwoordig ook René Froger – met een sms'je – bericht krijgt als er een nieuw prinsesje wordt geboren. En dat (televisie)sterren in vol ornaat acte de présence geven op koninklijke bruiloften.

Adellijke vrienden van Willem-Alexander hoeven zich niet meer te schamen als ze trouwen met een 'burgermeisje'. De bruiloft van jonkheer Rhoderick van der Wick met Emily Bremers werd in Nederland op grootse wijze gevierd, evenals het huwelijk in Argentinië van een andere adellijke vriend van de kroonprins, Frederik van Welderen baron Rengers met de Argentijnse Samantha Deane, een vriendin van Máxima. Op die bruiloft was ook Marie Liliane Groeninx van Zoelen aanwezig, omdat de bruidegom, die zij 'Oetje' noemt, een neef is van haar. 'We zaten daar een beetje naar de polopaarden te kijken, toen er plotseling allemaal mannen opdoken uit de bosjes. Dat bleken fotografen te zijn. Heel gek.'

En zo komt oude hofadel soms toch weer de nieuwe tijd binnen. Van Lynden vindt het eigenlijk jammer dat het oude systeem, waarbij opnemen en verheffen in de adelstand mogelijk is, niet gewoon is gehandhaafd. 'Ik kan mij voorstellen dat Juliana dacht: "Die van Lynden is een waardeloze flapdrol, een dégénéré, en die loopt daar graaf te spelen omdat zijn betovergrootvader iets goeds deed." Maar aan de andere kant bracht het systeem ook iets positiefs met zich mee. Een titel zet aan tot je best doen. Noblesse oblige.'

8 *Het huidige hof*

De adel aan het hof is verdwenen, maar in de verhouding tussen koning(in) en onderdanen is sinds de negentiende eeuw niet zoveel veranderd, zeggen een voormalige hoffunctionaris en vrienden en bekenden van de familie. Koningin Juliana onderstreepte altijd dat haar familie 'gewoon' was. Dat de werkelijkheid anders is, weten alleen ingewijden. Want zoals Henriëtte in 1880 al schreef: 'Het aardige aan dit hof is dat men onder elkaar alles vrij bespreekt, maar nooit iets buiten af vertelt.'

WERKEN VOOR DE TROON

'Het lezen van Henriëttes verhaal voelt als een aha-erlebnis,' zegt een voormalige hoffunctionaris die jarenlang in dienst was van de koningin. 'Er is verbazingwekkend weinig veranderd. De burgerlijke hofhouding van nu is net zo loyaal als de adel toen. Men staat altijd klaar, cijfert zichzelf weg, slikt veel en zwijgt daarover. Voor de familie is dat nog steeds vanzelfsprekend. De Oranjes zijn gewend aan een bepaalde houding in hun omgeving. Zelfs hun meest vertrouwde kennissen gedragen zich net iets beheerster in hun gezelschap en dat wordt, bewust of onbewust, ook van hen verwacht. Als HM na het paardrijden aan de borrel is, is zijzelf een stuk losser, maar anderen zullen zich nog steeds geen vrijheden permitteren. Ze blijft altijd de Majesteit.'

'Als je toetreedt tot de dienst Koninklijk Huis, in welke functie dan ook, word je bijzonder. Althans, zo ziet de buitenwereld het. Dat schept een onderlinge band. Je gaat onderdeel uitmaken van een soort geheim genootschap. Iets waarover niet gepraat mag worden. Je houdt je aan de code binnen de club, want je wilt erbij horen. Je wilt eraan meewerken om het bijzonder te houden, ook al merk je natuurlijk al vrij snel dat de leden van de koninklijke familie heel gewone mensen zijn. Ze leven alleen bijzonder – in een paleis, met lakeien, chauffeurs, tuinlieden en andere bediendes, beveiligers, paarden en een autopark. En: het volk ziet hen als bijzonder. Dat maakt hen bijzonder. Dat iedereen, van hoog tot laag, hen benadert met ontzag en zich bij een ontmoeting niet op zijn gemak voelt.'

'Tegenover de buitenwereld zijn de Oranjes zelf heel beheerst. Ze kunnen erg charmant zijn. Het zijn goede, zorgvuldige acteurs. Bij publieke optredens zit er geen haartje verkeerd. Kleding is nu nog net zo belangrijk als toen, ook voor hun hoffunctionarissen. Die van top tot teen blik die Willem III aan zijn hovelingen gaf, die geeft HM ook altijd aan haar mensen. Zo'n *allover look*. Sommigen zijn daar heel bang voor. Zowel de oude als de jonge garde Oranjes spant zich erg in om goed over te komen. Je zou kunnen zeggen dat hun optreden hun leven is. Net als bij acteurs. De familie wil beantwoorden aan het idee van het volk over hun koninklijke status.'

'Uit het zicht van het publiek is het gedrag vaak onherkenbaar. Alsof al die beheerste emoties onderdrukt zijn en er dan uit komen. Van Irene en Christina weet ik het niet zeker, die vallen een beetje buiten de blik van de hofhouding, maar van hun zusjes, zwagers en ouders wel. Die kunnen of konden allemaal verschrikkelijk tekeergaan. Tegen elkaar, waar het personeel bij is. Of tegen de personeelsleden, die niks terug kunnen doen. Ze kunnen ook aardig zijn, het zijn geen monsters. Maar als er iets misgaat, geven ze anderen snel de schuld. Dan maken ze je uit voor alles wat mooi en lelijk is. Als HM iemand niet mag, volhardt zij daar in [en kan zij beledigend worden.']

'Aan geheimhouding wordt zwaar getild. Een invalschoonmaakkracht krijgt al een formulier onder zijn neus. En als personeel met geheimhoudingsplicht val je niet onder "de buitenwereld". Soms lijkt het of je nauwelijks wordt beschouwd als echt mens. Je krijgt alles te horen, maar meer als meubelstuk dat toevallig in de kamer staat. Er wordt veel beslag op je gelegd, ook in je vrije tijd. De familie is veeleisend, gericht op de eigen belangen. Als een Oranje iets kwijt is, moeten er bij wijze van spreken drie lakeien toeschieten. Die kunnen, als ze pech hebben, de volle laag krijgen. De kerstboodschap van de koningin, waarin zij de noodzaak van verdraagzaam en wellevend met elkaar omgaan onderstreept, doet onder het hofpersoneel de wenkbrauwen weleens fronsen. Ik heb nooit gemerkt dat de Oranjes zich bezwaard voelen als ze uit hun slof schieten, zeker niet tegenover het personeel.'

'Het geijkte excuus is het Russische bloed, dat had Willem III al. Geërfd van zijn krankzinnige grootvader, tsaar Paul I van Rusland. En dat gegeven is zo bijzonder, dat het hun niet kwalijk te nemen is. Punt, uit. Maar blijkbaar is het besmettelijk, want ook de koninklijke echtgenoten gedragen zich vaak "Russisch". Ik geloof eerlijk gezegd niet in die genetische component. Ik denk eerder dat het met hun positie te maken heeft. Omdat de omgeving geen grenzen stelt, laten ze zich gaan.'

'Het kan erg vervelend zijn. Als hofhouding wordt van je verwacht dat je beheerst blijft als zij tegen je uitvaren. Dat heeft zijn effecten, in jezelf. Je neemt het ze toch kwalijk. Je kan er zelfs een zekere minachting door krijgen, zoals Henriëtte van de Poll had voor Willem III. Dat de hofhouding niet eerlijk is tegen de familie, is dus nog steeds waar. Nergens wordt zoveel geroddeld als aan het hof. Maar je kúnt ook moeilijk eerlijk zeggen wat je vindt of denkt. Anders lig je eruit. En dat wil niemand.'

'Dat je ondanks alles in de gratie wilt blijven bij deze speciale werkgevers, heeft te maken met een psychologisch mechanisme. Vanaf het begin voelt het als een eer om bij de club te mogen horen. Je komt niet zomaar in dienst van de koningin. Wie niet gevoelig is voor die eer, komt niet aan het hof terecht.'

'Als je de geheimhoudingsplicht hebt getekend en je bent "binnen", schrik je als iemand van de familie zich onheus tegen je gedraagt. Elke Nederlander is opgevoed met een bepaald beeld van de Oranjes, en het is heel vervreemdend als dat beeld doorbroken wordt. En nog eens, en nog eens. Het geeft ook een soort angst. Je wilt er onder geen voorwaarde uit gegooid worden. Je ziet om je heen hoe gemakkelijk je tot persona non grata kunt worden verklaard. Dat gebeurt veel mensen, tot op de hoogste posten. Er is dan niemand die het voor je opneemt. Iemand die ontslagen was en zijn beklag deed bij de grootmeester kreeg te horen: "Ik geloof best dat je gelijk hebt, maar dat kan ik je natuurlijk nooit geven."' Zelfs de oude hoffunctionaris Robbie van Zinnicq Bergmann, die al onder Wilhelmina diende, viel bij HM in ongenade toen hij een onschuldig boekje publiceerde over zijn jarenlange hofdienst.

'Een outcast worden is pijnlijk, misschien wel juist voor hoffunctionarissen. Zij houden er juist van om erbij te horen, anders word je geen hoffunctionaris. Als hoffunctionaris heb je bovendien de illusie van hechte banden met elkaar. Je moet steun zoeken bij elkaar, informatie halen bij elkaar om eventuele woedeuitbarstingen van de principaal te voorkomen. En om je werk goed te kunnen doen. Want dat wil je ook: de zaken zo regelen dat alles perfect loopt. Je denkt dus dat je bevriend met elkaar bent. Het is naar om te ontdekken dat dat uiteindelijk toch niet zoveel voorstelt, dat iedereen hoofdzakelijk bezig is met zijn eigen hachje. Dat kan misschien ook niet anders. Maar pijnlijk blijft het.'

'Het schrikbewind is effectief, want er komt verbazingwekkend weinig naar buiten. Dat geeft de Oranjes veel vrijheid. Het is ongelooflijk dat niemand wist van Bernhards dochters, of van zijn relatie met Kokkie Gilles. Dat Bernhard als hij thuiskwam van een reis, altijd eerst naar haar ging en daarna pas naar Juliana. Zij had de raarste streken tijdens haar ziekte, daar kon ze niets aan doen, maar dat er helemaal niets is uitgelekt is toch opmerkelijk. Nee, meer vertel ik niet. Niet vanwege de geheimhoudingsplicht, maar ik heb ook mijn eigen gevoel voor wat fatsoenlijk is. Je hangt de vuile was niet buiten, bij niemand.'

'Dat ik u dit vertel, schokt mij zelf. Je behoort tot een genootschap dat de schijn wil ophouden. Iedereen doet mee. Zwijgen moet. Als je zo lang hebt gezwegen, kun je nauwelijks nog anders. Het gaat heel diep zitten, je eigen innerlijke drang tot verzwijgen. Alsof je gehersenspoeld bent. Je zwijgt deels uit fatsoen, maar deels ook uit eigenbelang. Als je je principaal schendt, schend je je eigen aangezicht.'

BEVRIEND MET DE TROON

Vrienden van de koningin worden tegenwoordig niet meer uitgenodigd voor bals, audiënties of cours, zoals bij Emma en Willem III, maar voor een etentje, een *long weekend* in Tavernelle of een tochtje op de Groene Draeck.

Er is een scherpere scheiding ontstaan tussen het werk en het privéleven van de koningin. Vroeger vormden hofpersoneel en vrienden samen de entourage van het hof. Nu is er personeel en zijn er vrienden. En toch is het ook nu onmogelijk voor de koningin om werk en privéleven te scheiden. De koninklijke familie draagt ook privé een kroon, zo blijkt uit gesprekken met hun vrienden en kennissen.

Wie bevriend wil zijn met de koninklijke familie, moet uit de voeten kunnen met het ouderwetse principe van verhevenheid door geboorte. Dat blijkt uit gesprekken met een aantal vrienden en kennissen. De manier waarop Henriëtte rekening hield met de wensen van haar bazin, is voor intimi van de koningin en haar familie herkenbaar. Een familievriend: 'Als je heel lang naar de ogen bent gekeken, krijg je daar een tik van mee.'

De koningin hoeft zich niet af te vragen of iemand met haar

bevriend wil zijn. Of het moet George Bush betreffen. In Nederland is zij degene die kiest, uit zestien miljoen mensen. Er zijn weinig mensen ongevoelig voor de eer die het uitverkoren-zijn door de koningin met zich meebrengt. De koningin stelt in haar kennissenkring eenzijdig de voorwaarden, misschien zonder dat zelf te beseffen.

Net als in de negentiende eeuw is een bescheiden opstelling een van de voorwaarden. 'Vriendschap met de Oranjes in stand houden, dat red je alleen als je je plaats kent. Dat luistert nauw,' zegt een oude vriend. 'Je kunt grote waardering hebben voor hen, maar je moet op afstand blijven. Sommige opdringerige mensen blijven om hen heen hangen bij openbare gelegenheden, om zo hun status als 'vriend' erkend te zien. Dat is fout. Je kan best vrienden zijn zonder op feesten en partijen meteen op ze af te stappen.'

VERGAANDE DISCRETIE

Het ergste wat een vriend van de koninklijke familie kan doen, is de pers over die vriendschap te woord staan. De familie Houben, al sinds de jaren zestig bevriend met koningin Beatrix en haar familie, wilde enkele jaren geleden tegenover *Elsevier* nauwelijks toegeven de familie te kennen. Daaraan herken je Oranjevrienden.

Beginners op het terrein van de Oranjevriendschap moeten de code van vergaande discretie door schade en schande ontdekken. Zoals de argeloze medecorpsleden van prins Willem-Alexander in Leiden. Aanvankelijk werd Willem-Alexander in Leiden als een vrij gewone student gezien. 'In Leidse studentenhuizen wordt nauwelijks de krant gelezen, dus het etiket "prins" maakte daar minder indruk dan in de rest van Nederland,' legt een oud-studiegenoot van de kroonprins uit.

Willem-Alexander zat in 'club 1' van zijn jaar, volgens studiegenoten de populairste jaarclub. Maar hij kwam weinig op de sociëteit. Hij was graag thuis, in het studentenhuis aan het Rapenburg dat van hem was. Een gezellig huis, waar zijn vrienden vaak kwamen. 'Willem-Alexander had normale huisgenoten, echt niet allemaal de gavo's van de sociëteit,' zegt een bron. Om de beurt zorgden de huisgenoten voor het eten en de afwastaak, Willem-Alexander ook. Het enige abnormale in huis was eigenlijk dat er twee bodyguards in een voorkamertje bivakkeerden. 'Die waren ook gezellig, je zag het verschil nauwelijks met de huisgenoten. Soms zaten bezoekers liever bij hen tv te kijken.'

Hoe gewoon Willem-Alexander zich ook gedroeg, om hem heen was niets gewoon. Dat drong gaandeweg tot zijn omgeving door. Als je tot diep in de nacht met de prins ging 'stappen' en je vroeg in een hotellobby ruim na sluitingstijd van de bar 'Kunnen wij nog een drankje bestellen?', dan gingen – pang! – alle lichten aan. De muziek hard, cocktailshakers in werking. Feestjes konden op moeilijk bereikbare plekken worden gehouden. Personeel waar ook ter wereld deed alles voor de kroonprins. René Froger trad zomaar op. De corpsleden gingen beseffen dat 'Alex' gewoon deed, maar dat zeker niet was. En dat het bijzonder was om in zijn leven mee te mogen draaien.

Desalniettemin werd niemand expliciet gewaarschuwd dat er tegen de pers moest worden gezwegen over de kroonprins. Een oud-corpslid: 'Wie met hem omging, werd alleen gescreend, op strafbladen en zo. Maar er werd niet gezegd dat elk contact met de pers verboden was. Dat hoefde in het begin ook niet, want toen waren er nauwelijks journalisten. Hoogstens een paar van die ranzige met wie niemand wilde praten.'

Dat veranderde toen Willem-Alexander verliefd werd op Emily Bremers. Toen kwamen Nederlandse en buitenlandse media in drommen naar Leiden. Paparazzi hingen uit busjes, in bomen, ze lagen in geparkeerde auto's op de grond, met een telelens gericht op het raam van Emily's studentenhuis. Een vruchtbaar klimaat voor studentengrappen. De vriendinnen van Emily gingen met haar jas aan de straat op. Iedereen vond het geestig, behalve Emily. Voor haar was de pers een zware stressfactor. Ze barstte in tranen uit als ze gesnapt werd door een fotograaf. Haar medestudenten begrepen daar niets van. Zij wisten toen nog niet hóé serieus het Emily in de koninklijke familie persoonlijk werd aangerekend als ze de pers aantrok. Emily lachte in die tijd zelden als ze op straat liep. Als ze lachend op een foto stond, zou de familie denken dat ze het leuk vond om gefotografeerd te worden.

Ook Emily's vrienden en kennissen werden bestookt door reporters. De corpsstudenten gingen daar in het begin ontspannen mee om. Dat paste bij de studentenhumor, die het moet hebben van bizarre experimenten in de grotemensenwereld. Ze wilden best algemene weetjes over het corpsleven vertellen. Toen hun kapitalen werden aangeboden voor onschuldige foto's, waren ze verbaasd. Ze overlegden met Emily en Willem-Alexander of ze daarop in zouden gaan. Grappig toch? Dan kon van de opbrengst een nieuw bankstel voor in de 'fusiehokken' worden aangeschaft. Toen werd voor het eerst echt duidelijk met wat voor familie de studenten te maken hadden. Willem-Alexander was geschokt. Alsof ze hem in een pornoschandaal wilden meesleuren. 'Het antwoord op praten met de pers is excommunicatie,' zegt een studiegenoot. 'Wie praat wordt in de ban gedaan.'

In jargon heet het 'niet meer uitgenodigd worden'. Het is de ultieme sanctie voor wie de regels voor omgang met de koninklijke familie overtreedt. 'Niet meer uitgenodigd worden kan traumatisch zijn,' zegt een oude familievriend. 'Alsof je met een middeleeuws schandblok om je nek door het leven moet. Ik ken velen die het overkomen is, terwijl ze tevoren goed met de koningin omgingen. Omdat ze een keer iets onschuldigs gezegd hebben tegen een journalist, of om een andere, soms ondoorgrondelijke misstap. Het griezelige is dat het niet meer goed te maken valt. Iets uitpraten bestaat niet. Je bent in, of je bent uit.'

Een kennis: 'De familie heeft misschien geen politieke macht, maar wel sociale macht. En die oefent ze uitbundig uit. De koningin en haar familieleden kunnen heel ontwapenend zijn, leuk en hartelijk. Maar ook hautain en arrogant. Beide houdingen hebben een onevenredig groot effect op de gesprekspartner. Als je wordt uitgenodigd, geeft dat je veel status. De feesten van de koninklijke familie zijn wandelende Madame Tussauds, iedereen die ertoe doet in Nederland is er. Ik ken heel wat mensen die zich wentelen in hun positie in de buurt van de Oranjes. Maar het kan opeens afgelopen zijn, en dan gaan diezelfde mensen daar diep, zeer diep onder gebukt.'

Leiden leerde snel. Algauw hoefde bij een jaarclubgenoot of huisgenoot van Willem-Alexander geen journalist meer om informatie aan te kloppen. Iedereen gooide de hoorn erop. Toen een corpslid, anoniem, een foto van Emily en Willem-Alexander aan *Privé* verkocht, zaaide dat grote onrust. Iedereen was bang verdacht te worden en iedereen verdacht elkaar. Over de waarheid wordt nu nog gediscussieerd. Hoofdverdachte blijft Emily's ex-vriend, die niets meer te verliezen had. Sinds Emily hem verliet voor Willem-Alexander, stond hij op de slechtst denkbare voet met de kroonprins. Hij vloog de prins een keer aan, toen die intiem met Emily praatte op de sociëteit.

Ook toen bleek weer dat de positie van Willem-Alexander in Leiden misschien gewoon leek, maar dat niet was. De ex werd meteen in de houdgreep genomen door de bodyguards.

PROBLEEM MET KRITIEK

Niet alleen fysieke aanvallen op de Oranjes stuiten op obstakels. Ook verbale aanvallen worden afgestraft. 'Kritiek, daar hebben alle leden van de familie moeite mee,' zegt een bron. 'Die kan hard aankomen bij ze. Het verschil tussen kwetsende kritiek en opbouwende kritiek kunnen ze moeilijk maken. Tegenspraak ervaren ze snel als kwetsend.' Het is veiliger, en voordeliger voor de entourage om met de Oranjes een rustige vorm van eenrichtingsverkeer te onderhouden. Een bron: 'Waarom zou je moeilijk doen en je positie nabij hen verspelen? Tegenwicht bieden is niet eenvoudig, dus houd je het liever gezellig. Ze zijn heel aardig en hartelijk voor hun vrienden.'

Zo ontstaat een patroon waaraan niet valt te ontsnappen. De familievriend: 'Ze hebben veel sluipwespen om zich heen. Als je maar subtiel genoeg vleit, vallen ze daar voor. In een koninklijke positie is het heel moeilijk om mensenkennis op te doen. De koninklijke familie is niet gewend aan gelijkwaardigheid. Alleen door de politiek worden ze gecorrigeerd.'

De geïnterviewde vrienden betwijfelen of hun vriendschap met de Oranjes wel helemaal gelijkwaardig is. 'Zij benaderen anderen als gelijken, maar ze realiseren zich nauwelijks dat dat omgekeerd lastig is,' zegt iemand. Heeft de koningin dan wel vrienden? 'Er zijn zeker mensen die denken dat ze met haar bevriend zijn,' zegt een ander. 'De mensen die zij als haar vrienden ziet, vinden haar attent. Die stuurt ze aardige gedichtjes, met Sinterklaas of zo, waarin ze speciale eigenschappen van die personen verwerkt. Op haar boerderij in Toscane kookt ze zelf spaghetti voor ze. Ze gaan samen shoppen, souvenirs kopen, je moet aannemen dat dat echte vrienden zijn. Ze zullen zeker hun beste beentje voorzetten bij haar. Ze geven haar wat ze wil. Nee, tegenspraak valt daar niet onder.'

Bij degenen die uitgenodigd worden door de koningin speelt afkomst geen rol meer. 'Om je te kunnen bewegen in de wereld van de koningin, hoef je niet van adel te zijn,' zegt een kennis. 'Mensen van Buitenlandse Zaken en de Leienaren met wie Beatrix heeft gestudeerd, kennen ook hun manieren.' Die manieren zijn duidelijk. Majesteit zeggen tijdens het bridgen. De koningin niet aanspreken voordat zij jou aanspreekt. En tijdens diners niet opstaan als zij nog niet is opgestaan. Bevriend zijn met de koningin vereist dat je goed op haar let.

Wat er bij hoort is goed luisteren. De koningin heeft de neiging tot monologeren. Na het afstuderen van Willem-Alexander ging een klein gezelschap borrelen op Huis ten Bosch. Een studiegenoot: 'Het was warm, we wilden juist gaan zwemmen, maar toen kwam zijn moeder een praatje maken. Zij praatte en zij praatte. Het hield niet meer op. Niemand zegt dan "nu ga ik zwemmen". Dat zeg je niet tegen de koningin.'

Hofetiquette schrijft voor hoe de onderdanen zich gedragen tegenover de principaal. Omgekeerd zijn de regels minder streng. De familie lijkt juist een hekel te hebben aan het protocol, zeggen vrienden. Claus probeerde nadrukkelijk aan het 'keurslijf' te ontkomen, net als – ieder op hun eigen manier – Juliana en Bernhard. Dat wordt door onderdanen in principe als sympathiek ervaren. Maar in het verkeer aan het hof is het weleens verwarrend. Op de eerste sterfdag van Claus had Beatrix een ontvangst georganiseerd voor vrienden. Friso's toenmalige verloofde Mabel was daar voor het eerst aanwezig. Een vriendin van Claus: 'Friso hoorde met haar de ronde te doen om haar voor te stellen. Maar dat gebeurde niet. Mabel kwam gewoon bij een kluitje mensen staan. De situatie moest steeds gered worden bij de gratie van de goede opvoeding van de heren, die zich dan maar aan haar voorstelden. Ik was daar verbaasd over.'

Een studievriend van Willem-Alexander: 'Etiquette was volstrekt niet aan Willem-Alexander besteed. Het leek soms wel alsof hij juist wilde laten zien dat hij zich niet aan de regels hield.' De kroonprins kan zich makkelijker dan anderen onttrekken aan vaste regels in het sociale verkeer. Door hun aangeboren positie kennen ze die ook niet allemaal. Burgerlijke principes als 'deze keer geef ik een rondje, de volgende keer jij' is voor iemand die is opgevoed met lakeien moeilijk aan te leren. Een oud-corpslid: 'Willem-Alexander had in de kroeg nooit zijn portemonnee bij zich. Hij gaf wel rondjes, maar die betaalden anderen.'

Het maakt niet uit of de Oranjes zich wel of niet aan de normale omgangsregels houden. Want net als in de tijd van Henriëtte wordt het doorbreken van de gangbare regels opgevangen door de omgeving. En net als in die tijd worden schandalen afgedekt, zodat de buitenwereld er niet van hoort. De huidige entourage is net zo goed in het bewaren van geheimen als vroeger de adel.

Uit de gesprekken blijkt dat de troon op de persoonlijke levens van de leden van de koninklijke familie enorme invloed heeft. En hoe dichter bij de troon, des te groter die invloed is. Voor koningin Beatrix en prinses Margriet is er geen ontsnappen aan. De rangorde die de troon voorschrijft, speelt in hun persoonlijke verhouding altijd een rol, en datzelfde gold en geldt voor hun echtgenoten. Door het uitvallen van prins Friso zijn prins Constantijn en prinses Laurentien dichter bij de troon gekomen. Dat werkt onmiddellijk door in de persoonlijke verhoudingen tussen broers en schoonzusters. Waar Laurentien bijvoorbeeld vroeger goed bevriend was met Mabel, is zij dat nu meer met Máxima.

Binnen de familie heerst hiërarchie en een sterke concurrentiestrijd, zegt een kennis van een van de prinsen, waar de aangetrouwde leden van de familie aan meedoen. 'Het lijkt soms wel alsof iedereen elkaar voortdurend moet laten zien: kijk eens wat ik allemaal kan! Maar men geeft elkaar zelden complimentjes.' 'Het gaat er vrij hard aan toe. Dat zie je nu bij Margarita. Die wordt gezien als het zwakke dier dat uit de kudde is geraakt, ook al is ze weer teruggekeerd in de familieschoot. Binnen de familie telt de staat van dienst voor de monarchie nu eenmaal zwaar mee.'

Voor persoonlijke zwakte is in dit klimaat weinig ruimte. Er rust een taboe op emoties. Aan het moderne hof van Beatrix is dit nog een negentiende-eeuws rudiment. 'De regel is toch: je bent sterk, of je bent af.'

Bijlage 1 Voorouders en nazaten

Namenlijst van 40 personen op het schilderij van N. van der Waay (binnenkant omslag voor), van links naar rechts genummerd op de contourtekening (binnenkant omslag achter). Henriëtte van de Poll staat uiterst rechts op het schilderij en komt niet voor op de contourtekening.

01 Bronkhorst, jhr. L. van
02 Heemstra, G.J. baron van
03 Bergansius, lt.-gen. J.W.
04 Bosch, jhr. W.J.P. van den
05 Tuyll van Serooskerken, E.F.C.H.J. baron van
06 Haersma de With, jhr. J.H. van
07 Limburg Stirum, A.W.A. gravin van
08 Grovestins, J.E.N. baron Sirtema van
09 Steyn, J.A. van
10 Knobelsdorff van Pallandt, A.J.H. barones van
11 Juckema van Burmania barones Rengers, A.J.
12 Staal, jhr. J.A.G. van der
13 Hardenbroek-gravin van Limburg Stirum, G.E.J. barones van
14 Pabst van Bingerden, R.W.J. baron van
15 Bylandt, W.P. graaf van
16 Lynden van Sandenburg, J.C.E. graaf van
17 Snouckaert van Schauburg, A.C. baron
18 Roëll, W. baron
19 Hardenbroek, K.J.G. baron van
20 Bentinck, C.A. baron

21 Koningin Wilhelmina
22 Taets van Amerongen, H.W.J.E. baron
23 Dumonceau, C.H.F. graaf
24 Clifford, H.A. baron
25 Tindal, G.A. baron
26 Koningin Emma
27 Pallandt van Oud Beijerland, J.W. baron van
28 Snouckaert van Schauburg, G.Ch. baron
29 Huyssen van Kattendijke, J.W.F. ridder
30 Verspyck, jhr. G.M.
31 Lynden van Sandenburg-barones van Boetzelaer, W.E.Ch. gravin van
32 Hoeufft van Velsen, jhr. J.P.E.
33 Limburg Stirum, graaf van
34 Ranitz, jhr. S.M.S. de
35 Loon-Egidius, T.N. van
36 Tets, jhr. G.J. van
37 Helden, lt.-gen. W.K.L. van
38 Ittersum, E.G. (Elise) barones van
39 Poll, jhr. W.F.H. van de
40 Alberda van Ekenstein, jhr. W.C.A.
Poll, jkvr. Henriëtte van de

Koninginnen op het schilderij

21 Koningin Wilhelmina
26 Koningin Emma

Voorouders op schilderij met wier nazaten is gesproken

02 Heemstra, G.J. baron van
06 Haersma de With, jhr. J.H. van
07 Limburg Stirum, A.W.A. gravin van
09 Steyn, J.A. van
10 Knobelsdorff-barones van Pallandt, A.J.H. barones van

19 Hardenbroek, K.J.G. baron van
20 Bentinck, C.A. baron
23 Dumonceau, C.H.F. graaf
30 Verspyck, jhr. G.M.
31 Lynden van Sandenburg-barones van Boetzelaer, W.E.Ch. gravin van
32 Hoeufft van Velsen, jhr. J.P.E.
39 Poll, jhr. W.F.H. van de
40 Alberda van Ekenstein, jhr. W.C.A.

Nazaten van voorouders op schilderij met wie is gesproken

02 Groeninx van Zoelen-Waller, Marie Liliane
06 Haersma de With, jhr. Maurits van
07 Rechteren, Elisabeth gravin van
09 Steyn, Michael van
10 Zwart-barones van Knobelsdorff, Adolphine de
19 Hardenbroek, Anna Maria barones van
20 Evelein-barones Bentinck, Charlotte
23 Exel-barones Schimmelpenninck van der Oye, Digna van
30 Verspyck, jhr. Huibert Lenhardt
31 Lynden van Sandenburg, Alexander graaf van
32 Vet-gravin van Limburg Stirum, Mariëtte van der
39 Poll, jhr. Wouter van de
40 Alberda van Ekenstein, jhr. Peter

Voorouders op schilderij met wier nazaten *niet* is gesproken

04 Bosch, jhr. W.J.P. van den
08 Grovestins, J.E.N. baron Sirtema van
16 Lynden van Sandenburg, J.C.E. graaf van
18 Roëll, W. baron
24 Clifford, H.A. baron
28 Snouckaert van Schauburg, G.Ch. baron
29 Huyssen van Kattendijke, J.W.F. ridder

33 Limburg Stirum, graaf van
35 Loon-Egidius, T.N. van

Voorouders op schilderij die geen nageslacht (meer) hebben

01 Bronkhorst, jhr. L. van
03 Bergansius, lt.-gen. J.W.
05 Tuyll van Serooskerken, E.F.C.H.J. baron van
11 Juckema van Burmania barones Rengers, A.J.
12 Staal, jhr. J.A.G. van der
13 Hardenbroek-gravin van Limburg Stirum, G.E.J. barones van
14 Pabst van Bingerden, R.W.J. baron van
15 Bylandt, W.P. graaf van
17 Snouckaert van Schauburg, A.C. baron
22 Taets van Amerongen, H.W.J.E. baron
25 Tindal, G.A. baron
27 Pallandt van Oud Beijerland, J.W. baron van
34 Ranitz, jhr. S.M.S. de
36 Tets, jhr. G.J. van
37 Helden, lt.-gen. W.K.L. van
38 Ittersum, E.G. (Elise) barones van
Poll, jkvr. Henriëtte van de

Bijlage 2 Geciteerde brieven

(van Henriëtte aan haar moeder, tenzij anders vermeld;
H = Henriëtte; V = vader; A = André; L = Louise)

1 HOFDAME HENRIËTTE

'Een heerlijk gevoel dat die presentatie voorbij was!' (1 feb. 1880)
'Zij zegt wel eens meer dan zij verantwoorden kan.' (9 nov. 1880)
'Heel fraai ging het natuurlijk niet, maar niemand hoorde ons, dus kwam het er niet veel op aan.' (17 aug. 1880)
'Het zal zeer moeilijk gaan voor de wandeling nog eens even !! te gaan...' (1 feb. 1880)
'een heerlijke kop bouillon, warm gehakt met andijvie, warme kip, aardappels, twee dikke sneden foie gras...' (1 feb. 1880)
'Men moest het eens niet goed vinden...' (21 feb. 1880)
'Papa heeft mijn vraag om niet te veel te vertellen...' (23 feb. 1880)
'Zij zeide dat ik van de zomer wel eens verlof zou krijgen.' (2 feb. 1880)
'op de hoogte raken van de menschen en hun relaties.' (2 feb. 1880)
'op te passen dat de Koning nooit al te aardig met mij was...' (7 feb. 1880)
'zoo vreeslijk aangaan' (H aan V, 13 feb. 1880)
'heel deftig' (H aan V, 13 feb. 1880)
'Wij zijn bang dat de Koning er achter komt...' (7 feb. 1880)
'Iedere heer heeft een horloge bij zich...'(14 feb. 1880)

‘voor zo’n enkel uurtje wat al te kostbaar.’ (11 feb. 1880)
‘zoo verschrikkelijk veel opofferen...’ (14 feb. 1880)
‘Cette pauvre petite Van Ittersum, que pourrais je pourtant faire pour qu’elle n’aie pas si peur.’ (feb. 1880)
‘overgroote begeerte om alles goed te doen.’ (7 feb. 1880)
‘bespottelijken angst...’ (17 feb. 1880)
‘een kleur had toen hij zoo vlak voor mij stond...’ (19 feb. 1880)
‘zeer goed begreep dat men zich in het begin wel eens vergiste.’ (25 feb. 1880)
‘Elle mérite une medaille.’ (23 feb. 1880)
‘al haare agitatie...’ (15 feb. 1880)
‘altijd zoo bijzonder hartelijk voor ons.’ (15 feb. 1880)
‘Lieve schat, mag ik je eens wat vragen?’ (15 feb. 1880)
‘Die mevrouw Van Hogendorp heeft werkelijk talent om de boel in de war te schoppen.’ (19 feb. 1880)
‘Mme de Hogendorp est excellente comme Mme de Hogendorp mais comme grande maîtresse elle ne vaut rien.’ (27 feb. 1880)
‘schandelijk onbeleefd...’ (19 feb. 1880)
‘Jan Rutjes’ (8 sep. 1881)
‘O, Henriëtte, geef mij gauw de Eau de Cologne!’ (19 feb. 1880)
‘hele lange verhalen op één toon...’ (9 nov. 1880)
‘Het schijnt dat de menschen van het hof elkander niet begrijpen...’ (17 feb. 1880)
‘over iets dat ik vanmiddag al als afgehandeld beschouwde.’ (19 feb. 1880)
‘U begrijpt dat zeer veel menschen in groote verlegenheid waren...’ (21 okt. 1880)
‘Eh bien Henriëtte, qu’en pensez-vous, qui prendrons-nous demain?’ (25 feb. 1880)
‘zelf haar japon toe te knoopen’ (27 feb. 1880)
‘Dites-moi vite quelquechose de Mme Fock.’ (27 feb. 1880)
‘Van de tweede audiëntie van mevrouw Boreel-Dedel wist ik volstrekt niets.’ (27 feb. 1880)
‘heelemaal onder ons gezegd...’ (21 okt. 1880)

‘heel hoog op[pakte]... wat niet zeer koninklijk stond.’ (11 feb. 1880)

‘Een allerkomischt lelijk paar.’ (19 feb. 1880)

‘Henri van Heeckeren... geducht dom.’ (jan. 1882)

‘wat is die monsterlijk leelijk.’ (20 jan. 1882)

‘heel burgerlijk’ (19 feb. 1880)

‘niets gedistingeerds’ (19 feb. 1880)

‘heel lief... verschrikkelijk verlegen... U komt uit Utrecht, niet waar?’ (17 feb. 1880)

‘zij is Van Stirum van haar eigen...’ (25 feb. 1880)

‘rammelde zoo...’ (25 feb. 1880)

‘Mr d’Yvoy praatte nogal, maar met mevrouw Boreel was het pompen...’ (27 feb. 1880)

‘Mevrouw Fock... Uwe Majesteit.’ (27 feb. 1880)

‘volkomen op haar gemak en toch heel beleefd’ (27 feb. 1880)

‘Wat een kalme en gedistingeerde manieren’ (27 feb. 1880)

‘Elles avaient de manières si sautillantes’ (23 feb. 1880)

‘Wat vond u nou van die mevrouw Boreel?’ ‘Wat vond u nou van de echtgenoot...’ (27 feb. 1880)

‘Verbeeld u dat er gisteren...’ (22 jan. 1887)

‘U en de meisjes moeten vooral maar goed praten...’ (20 juli 1887)

‘veel beter en deftiger...’ (22 maart 1884)

‘zooals u weet, vorstelijke personen in ’t geheel niet aanspreekt...’ (H aan V, 10 juli 1883)

‘net als een gewoon jong meisje.’ (11 feb. 1880)

‘of dat praatje waar was...’ (21 maart 1880)

‘Ik heb geen dienst vandaag...’ (25 feb. 1880)

‘O Henriëtte! Ik hoop dat u zich niet te veel heeft hoeven haasten...’ (25 feb. 1880)

‘Heerlijk plaatsje in een deur... C’est très bien, merci mille fois.’ (18 feb. 1881)

‘nog al een moeielijke geschiedenis.’ (7 feb. 1880)

‘Die man zegt “dank u” voor ieder antwoord dat men hem geeft...’ (11 feb. 1880)

‘zeer interessant jaar’ (31 dec. 1880)
‘Zeer zeker zijn de toiletzorgen de grootste moeielijkheid in onze positie.’ (28 mei 1880)
‘Woensdagmorgen is mijn japon van Grondijs gekomen...’ (28 mei 1880)
‘Ik word soms ’s morgens wakker met een gevoel alsof ik er nooit door zal komen...’ (feb. 1880)
‘zoo stijf geregen’ (7 feb. 1881)
‘strijkplank die meteen kon dienen om japonnen op te knippen.’ (11 feb. 1880)
‘De blauwe zal Henriëtte het beste staan...’ (12 mei 1880)
‘twee, in plaats van vier beschuiten.’ (9 maart 1880)
‘heel banqueroetje...’ (12 maart 1880)
‘kacheltje’ (18 nov. 1881)
‘uit zuinigheid het rooken afgeschaft...’ (9 nov. 1880)
‘Zij reed dan met haar panier vóór zo’n huisje...’ (6 dec. 1880)
‘Ik wil haar geen toiletten geven...’ (9 nov. 1880)
‘zoo ver mogelijk achterin hun coupeetje’ (23 feb. 1880)
‘voor onze positie en niet voor onze persoon...’ (23 feb. 1881)
‘vreeslijke praatster’ (12 maart 1881)
‘maar liet praten’ (7 feb. 1881)
‘een juffrouw Dupper. Kent u dien naam?’ (13 aug. 1883)
‘door een of andere burgerfamilie was ingepalmd’ (20 feb. 1893)
‘een algemeenen haat en verbittering tegen de menschen’ (22 maart 1881)
‘Cecile Steengracht en al degenen die haar tot vrouw hadden willen hebben’ (7 feb. 1881)
‘Toutes les nouvelles jeunes fille de cette année y étaient, presque toutes en robes blanches, elles se tenaient comme un troupeau de moutons ensemble au milieu d’un des salons. Pour la plupart elles ne sont pas jolies, la plus jeune, Du Tour, est très jolie, Louise Hardenbroek assez jolie, Elise van Amerongen van Natewisch très aimable et gracieuse, mais les autres sont toutes très mediocres.’ (10 jan. 1884)
‘zoo’n lief gezichtje had...’ (25 maart 1881)

'Neen in het minst niet, maar dat zij zoo met hun beiden gaan paardrijden...' (25 maart 1881)
'verstandige... rustig idee' (25 feb. 1881)
'Ik heb niet over cadeaus enz. gesproken' (25 feb. 1881)
'Ik geloof dat u over die zekere zaak niet meer ongerust hoeft te zijn' (12 april 1881)
'ernstig onderhouden, hetgeen zeer veel indruk op haar gemaakt had' (12 april 1881)

3 LOTSVERBONDENHEID

'zijn kinderen zoo naar hem beginnen te verlangen...' (17 nov. 1880)
'Ik heb sinds mijn schooltijd zelden meer zulk een moeite gehad om niet te lachen' (10 april 1880)
'zóó lachende dat hij bijna niet kon spreken... Ik ergerde mij in stilte over zulk een wreedheid' (4 mei 1880)
'Vertel eens, zijn er mooie bloemen bij uw papa en mama?' (28 april 1880)
'Hij keek zoo woedend alsof hij ons allen zou willen opeten' (9 nov. 1880)
'Nederland zul je bedoelen!' (9 mei 1880)
'iets vreeslijk akeligs' (9 mei 1880)
'alsof er een groot ongeluk was gebeurd.' (17 nov. 1880)
'Het is frisch vandaag' (9 mei 1880)
'Ik heb nog nooit zoo'n dier gegeten...' (9 juli 1880)
'Wat is de dienst toch druk!' (4 mei 1880)
'Precies zooals papa' (1 aug. 1880)
'heelemaal verdiept in de contemplatie van die teekening...' (31 dec. 1881)
'tot het dansen van een polka gekregen.' (27 jan. 1882)
'Ik vond het eigenlijk bespottelijk en heb wel opgepast...' (25 maart 1881)
'Ik geloof dat zij vreeslijk veel van haar man houdt' (17 okt. 1881)

'minder serieus... beiden met de heeren wandelden en niet één alleen.' (4 mei 1880)
'dat de toon niets te vrij of te familiaar was...' (8 aug. 1880)
'heel hoog zooals Frits in der tijd de Negerzangers nadeed...' (17 nov. 1880)
'haalden Van Amerongen en De Ranitz ieder een schonen handdoek uit hun zak en liepen snikkende door de kamer.' (9 mei 1880)
'Hij is echt te voorzichtig...' (28 mei 1880)
'Wat zou de Koning boos geweest zijn...' (29 okt. 1880)
'Dat doet zij uit angst dat de Koning eens onverwacht mocht binnenkomen...' (13 dec. 1880)
'een heele comedie gespeeld...' (25 nov. 1880)
'Het is iets heel geks...' (9 nov. 1880)
'zo brutaal om zijn eigen vrouw na te tokken, was hij toch niet.' (9 nov. 1880)
'Den Koning, die den geheelen middag had zitten loeren...' (17 nov. 1880)
'Op die manier heeft de Koning al een onnoemelijk aantal paleizen gebouwd.' (H aan V, 25 okt. 1880)
'één ekster' (H aan V, 25 okt. 1880)
'en nog bleef hij tusschenbeide in zijn voorlezen steken.' (5 aug. 1881)
'De koning heeft gisterenavond aan tafel geen woord tegen hem gezegd...' (28 april 1880)
'zal hij waarschijnlijk voorgoed Den Haag verlaten.' (13 jan. 1883)
'De koning scheen zoo ontevreden over onze diensten te zijn...' (H aan L, 3 sep. 1882)
'aardige van dit hof...' (22 juli 1880)
'Lieve mama, u past toch wel op van zulke soort van dingen nooit iets over te vertellen.' (22 juli 1880)
'N'est-ce pas Mademoiselle comme on pourrait jouir ici si le roi n'y était pas? Oui monsieur, mais moi je pense toujours: sans le roi nous n'y serons ni l'un ni l'autre.' (12 juni 1881)

‘Als ik weer eens thuis geweest ben en u alles verteld heb...’ (18 juni 1881)
‘Lou schijnt zich in Amsterdam goed te amuseeren...’ (28 feb. 1883)
‘het achteruit loopende buigende vertrekken toen het gesprek met de koning en de koningin afgeloopen was...’ (16 okt. 1883)
‘Daar heb je freule Van de Poll.’ (16 okt. 1883)

4 DE KINDERKAMER

‘hoe zij toch doen zal om mevrouw Van Hogendorp uit de kraamkamer te houden.’ (22 juli 1880)
‘Ik geloof dat die hele hofboel haar vreeslijk agiteert.’ (17 aug. 1880)
‘doodelijken angst dat mevrouw Van Hogendorp den geheelen tijd aan den kraamkamer gaat tikken...’ (29 aug. 1880)
‘stellig een groot verzuim’ (1 sep. 1880)
‘die plan hebben iederen dag hier te koomen’ (4 sep. 1880)
‘U weet niet wat het is om van één tot vijf uur altijd hetzelfde te moeten vertellen.’ (2 sep. 1880)
‘een groot verdriet... Haagsche wereld is er in één indignatie over.’ (13 sep. 1880)
‘wel een vervelend idee dat er zoo’n allerliefst kindje in huis is...’ (2 sep. 1880)
‘het groote voorrecht’ (13 sep. 1880)
‘waarom het allemaal zoo vreemd gaat’ (13 sep. 1880)
‘vreeslijk verkeerd... van den Koning zoo goed als van Haar en om dat buiten weten...’ (9 nov. 1880)
‘dat het beter was als zij het maar niet deed.’ (11 nov. 1880)
‘Drie bakers! Dat is veel te veel!’ (6 okt. 1880)
‘De menschen vinden dat de koningin zich veel te veel zelf met het kind bemoeit.’ (24 sep. 1880)
‘Het arme mens... vreeslijk bang voor scènes’ (6 dec. 1880)
‘te deftig vond of er vies van was... Nu vindt juffrouw Besier het ook niet meer beneden haar waardigheid.’ (6 okt. 1880)

‘maar zoo in de wasch stuurde.’ (6 okt. 1880)
‘Bij die gelegenheid vertelde zij ook dat la Besier nooit sprak van “Het Princesje”.’ (9 nov. 1880)
‘een inkomen van 50.000 gulden... vertelt u dit toch aan niemand!’ (21 nov. 1881)
‘uit vrees dat zij zich gelijk zou stellen.’ (29 okt. 1880)
‘stilletjes zou hebben uitgelachen.’ (9 nov. 1880)
‘Hoe kunnen de menschen toch zoo zeuren?...’ (nov. 1880)
‘Doktoren hebben gezegd het op den duur voor het kind niet goed was altijd te zijn met iemand wiens zenuwgestel zoo geschokt is.’ (14 nov. 1881)
‘beleedigende propositie.’ (5 dec. 1881)
‘in het oog der wereld’ (5 dec. 1881)
‘haar zorg te verlangen voor het liefste dat zij had.’ (5 dec. 1881)
‘Er is ook iets moeilijks in een kind achting en liefde voor een vader te leeren...’ (5 dec. 1881)
‘wel hard voor de koningin telkens weer te moeten ondervinden dat het humeur van den koning...’ (9 dec. 1881)
‘Ik ben zoo blij dat de koning zulk een goed pretext was...’ (H aan V, 7 dec. 1881)

5 GECACHEERDE GEVOELENS

‘hielpen wij elkaar met door en aangeven.’ (1 juni 1881)
‘Les relations entre Mlle Van de Poll et ses parents sont vraiment idéales, j’espère que plus tard ma fille sera comme cela avec moi.’ (17 juli 1881)
‘Daar zij zichzelve onbekwaam voelde om het kind zóó op te voeden dat het niet alleen een goed mensch maar een goede Koningin werd.’ (29 juni 1884)
‘Elle demandait si c’était plus cher que le gaz, le roi se melais de la conversation et dit que infiniment plus cher, sur quoi la reine fit encore la observation: “Mais je ne conçois pas alors pourquoi on s’en serve pour éclairer les villes si c’est si cher”; à quoi le

roi repondit d'un ton tres fâché: "Il me semble que tu pourrais avoir confiance en ce que je te dis." La reine restait encore un moment, nous fit quelques questions, mais la tasse de café tremblait dans la main et bientôt elle nous quittait aussi.' (H aan L, 2 mei 1880)

'hoe onbegrijpelijk en onmogelijk het ook schijnt, ik geloof toch dat zij van hem houdt.' (29 juni 1884)

'Meer en meer bewonder ik de koningin omdat zij altijd vroolijk en vriendelijk blijft. Ik geloof dat ik dood ging als ik met zulk een man moest leven.' (17 nov. 1880)

'Maar ik kan niet laten voor haar te betreuren dat zij geen flinken jongen lieven man heeft...' (24 aug. 1884)

'De beschrijving van het huwelijk van Helena van Württemberg.' (29 juni 1882)

'Daar de koning er zoo vreeslijk iets op tegen heeft iets te zien dat hem aan sterven herinnert.' (18 nov. 1881)

'Nu moet zij 's middags aan tafel die flauwe praatjes houden...' (6 mei 1882)

'De koningin is niet meer in de stemming die u denkt...' (10 mei 1882)

'ook snel zouden trouwen... Ik ben zoo blij dat mijn hofdames niet trouwen.' (9 nov. 1880)

'Ik dacht dat ik de jaren te boven was om veel plezier op een bal te hebben...' (1 feb. 1882)

'Ik heb me enorm geamuseerd en den geheelen avond gedanst...' (22 feb. 1882)

'En hij zei iederen dag aan mr De Ranitz dat hij mij zoo charmant vond.' (3 juni 1883)

'"N'est-ce pas qu'il est gentil, le vieux?" Ik zeide van ja, waarop hij hernam: "Mais moi je suis bien plus gentil encore." Hierop antwoordde ik maar niet, waarop ik kreeg: "Que vous êtes froide, pourquoi êtes-vous si froide." Het was moeilijk daarop iets te antwoorden en ik klaagde over de drukkende warmte. "Oui, cela se voit que vous avez chaud, mais cela vous rend seulement encore plus jolie.' (15 juni 1883)

'"Comment Mlle vous êtes enthousiaste? Je vous croyais froide comme un morceau de glace et sans le moindre sentiment." Maar toen liet hij er snel op volgen: "Non, non, non, je ne croyais pas cela, j'ai beaucoup trop bonne opinion de vous."' (26 juni 1883)
'Als het niet al te dwaas was, zou ik heusch geneigd zijn alleen japonnen aan te trekken die mij slecht staan.' (26 juni 1883)
'Elise kan zich nooit begrijpen, dat ik, die soms zulke sterke antipathieen heb...' (15 nov. 1884)
'Over het geheel is het hier zeer vuil' en 'Iedereen, ZM aan het hoofd, begint hier met verkouden te worden.' (6 okt. 1884)
'Ik ben misschien de eenige die het hier niet zoo vreeslijk vind.' (1 nov. 1884)
'Hoe ik zoo dom geweest ben, kan ik mijzelf niet begrijpen.' (19 okt. 1884)
Alle passages over het huwelijksaanzoek van Hyppolite de Villers aan Henriëtte: (15 nov. 1884)
'Beste Henriëtte, André is overleden...' (M aan H, 27 april 1885)

6 EINDE VAN EEN FAMILIE

'Lieve Andrétje, ik zou wel eens willen weten of je zoet was...' (H aan A, zonder dag en maand, 1870)
'Zult gij zooveel mogelijk oppassen niet te veel te drinken, beste jongen, ik kan mij voorstellen met je karakter en gestel dat je licht opgewonden zijt, neem je daarom vooral dubbel in acht, zult gij het heusch doen jongenlief?' (M aan A, 26 sep. 1882)
'Gij zijt nog zoo jong en hebt nog zo weinig ondervonden, gij kent u zelven en uwe krachten nog zoo weinig.' (V aan A, 24 sep. 1882)
'Als ik 's avonds lekker warmpjes in bed lig, dan denk ik zooveel aan je...' (L aan A, 16 okt. 1882)
'zoo menig veelbelovende jongeling te gronde is gegaan...' (V aan A, 16 okt. 1882)
'Niets mag u van de studie afhouden, wat drogredenen er ook

door uw kennissen geopperd worden...' (V aan A, 3 okt. 1882)
'Gij moet u nu bekwamen om een nuttig lid van de Maatschappij te worden.' (M aan A, 7 sep. 1882)
'Toon nu ook door je gedrag dat je het waard bent. Toon dat je karakter hebt...' (M aan A, 29 sep. 1882)
'Dat is het geval volstrekt niet beste jongen, ik ben wel eens bezorgd...' (M aan A, 13 okt. 1882)
'Je moet niet denken dat mama geen vertrouwen in je heeft. Maar zie je...' (L aan A, 11 okt. 1882)
'verschrikkelijk blij... hoe langer hoe dichter tegen den mijnen aan, die op rolletjes is, zoodat ik eindelijk naast het theeblad zat en André ervoor... bij de een heb je het goed en bij de ander heb je het slecht... natuurlijk, opgeruimd en vrolijk.' (18 sep. 1882)
'Zwaar op de hand' (V aan A, sep. 1882)
'Hoe is het nu toch mogelijk dat gij in de gewichtigste voorbereidingstijd... Ik kan niet nalaten u te zeggen... Veel, mijn waarde jongen, hebt gij goed te maken.' (V aan A, 3 april 1884)
'Ik zal mij dan dadelijk naar uw kamer begeven.' (V aan A, 25 april 1885)
'Wie had verleden jaar op Andrés verjaardag toen hij zoo vrolijk bij ons was, kunnen denken dat wij hem zoo zouden verloren hebben... Wat weten wij toch weinig...' (V aan H, 16 okt. 1885)
'van het eerste ogenblik af aan de waarheid verondersteld. U kunt zich niet voorstellen hoe hartelijk en lief zij over alles gesproken heeft...' (6 mei 1885)
'Moge de goede God u kracht en gezondheid geven om uwe belangrijke taak met opgewektheid te vervullen.' (V aan H, 4 sep. 1885)
'Zijn verstand is nog totaal absent en daarbij is hij zeer onhandelbaar. Hij lag in zijn eenzaamheid onophoudelijk door te praten zonder dat men de woorden verstaan kon, ik werd er helemaal akelig van.' (26 feb. 1889)
'Enkele dagen later praatte hij met allerlei denkbeeldige, soms reeds lang overleden personen.' (9 maart 1889)
'Kippen, duiven, zwanen, eenden voeden, radijs plukken en

schoonmaken, bloemen begieten, enz... Het zal u wel niet verwonderen dat ik 's avonds om half tien naar bed ga.' (29 mei 1890)
'Ik hoop dat u mij niet kwalijk zult nemen dat ik t'huis zijnde niets van dat alles verteld heb, maar alles wat ik wist was mij onder de grootste geheimhouding door de Koningin-Moeder zelf meegedeeld...' (16 okt. 1900)
'vreeslijk dat de prins zijn verjaardag niet hier blijft vieren en nog vreeslijker dat Hij de koningin mee sleept naar Italië, waar veel anarchisten zijn... Er schijnt niemand te zijn die den moed heeft de woede van dit jonge paar te trotseren... zeer veel van de koningin houdt... het zoo jammer was dat zij bij hoog en bij laag zooveel van haar prestige begint te verliezen.' (3 april 1904)
'Om half negen kwam de koningin-moeder in tranen bij mij en vertelde mij dat zij vreesde dat de grote teleurstelling zich prepareerde.' (4 mei 1902)
'Ik voel mij natuurlijk verantwoordelijk voor alles dat zij doet.' (19 feb. 1903)
'Gekapt... in geval dat wij 's nachts geroepen werden gauwer klaar te zijn.' (H aan L, maart 1934)
'Ik kom een beetje zeuren, want ik voel mij wanhopend.' (H aan L, maart 1934)
'Het was steeds een zonnestraal die u bracht.' (J. aan Beatrix, juni 1965)
'Het is lastig dat wij zuinig met licht moeten zijn en ik in bed eigenlijk niets kan uitvoeren zonder kunstlicht.' (H aan J, 19 aug. 1941)
'Wij trachten ons niet door het sombere weer te laten terneer drukken.' (H aan J, 8 aug. 1941)
'in bewondering voor de blijmoedige stemming.' (H aan J, 27 aug. 1941)
'allen verenigd in gebed voor het Heil van onze Dierbare Koningin.' (H aan J, 31 aug. 1941)
'Ik ben erg stijf en pijnlijk, zuster C. noemt dit aanstellerij...' (H aan J, juli 1942)
'Ik heb heel veel reden tot Groote dankbaarheid aan God. Wat

zal het gezellig zijn wanneer we naast elkaar kunnen liggen.' (J aan H, aug. 1942)
'Het spijt mij zoo ontzettend, dat ons bezoek niet meer tijdens haar leven heeft kunnen plaats hebben...' (Juliana aan J, 17 maart 1946)

Noten

INLEIDING

1 René Cleverens, *Niet verder dan ons huis*, Middelburg (1994).
2 Geciteerd in Cleverens, *Niet verder dan ons huis*, p. 267.

I HOFDAME HENRIËTTE

1 Het politieke hoogtepunt bereikte de familie Van de Poll tijdens het tweede stadhouderloze tijdperk (1702-1747), toen Jan van de Poll (1668-1745) een van de hoofdrolspelers was op het Amsterdamse politieke toneel. In de vijftiende eeuw was de familie Uten Polle al de voornaamste familie van Montfoort, waar zij de functies van schout en burgemeester bekleedde. Harmen Gijsbertsz van de Poll (1559-1645) was de eerste Amsterdamse bestuurder in de familie. Hij was gehuwd met Margaretha Rendorp en onder meer burgemeester van Amsterdam. Hun ene zoon Harman van de Poll (1728-1751), getrouwd met Clara Berewout, was koopman. Hun andere zoon Harman van de Poll (1750-1807), getrouwd met Margaretha Jacoba van de Poll, was schepen van Amsterdam en koopman. Hun derde zoon Fredrik van de Poll (1780-1853), getrouwd met Elisabeth van Vollenhoven en daarna met Clara Catharina Bonn, was burgemeester van Amsterdam en gouverneur van Utrecht. Zoon uit diens tweede huwelijk was Fredrik Harman van de Poll, de vader van Henriëtte.
2 Memoires Fredrik Harman van de Poll, Gemeentearchief Zeist.
3 Hella Haasse, *Vreemdelinge in Den Haag*, Amsterdam (1984), p. 59. Zie ook Paul van 't Veer, *Maar Majesteit! De geheime dagboeken van A.W.P Weitzel*, Amsterdam (1980).

4 Memoires Fredrik Harman van de Poll, Gemeentearchief Zeist.

5 De wet kon overigens pas geleidelijk aan praktijk worden vanaf 1849, toen Johan Rudolf Thorbecke (1798-1872) zelf in de regering kwam. De reden dat Willem II vrij plotseling zijn steun gaf aan die grondwetswijziging is nooit helemaal opgehelderd. Volgens sommigen wilde hij niet dat zijn opvliegende zoon in Nederland absolute macht zou krijgen. Willem III was in ieder geval rancuneus jegens zijn vader, die in 1849 stierf. De vage doodsoorzaak – plotselinge benauwdheid nadat hij 's middags was gestruikeld op een trap – gaf zelfs voeding aan de speculatie dat hij hem zelf had vermoord. In het socialistische manifest *Koning Gorilla*, dat in 1887 verscheen, werd dit als feit gepresenteerd. Maar ook in hofkringen werd geroddeld over de 'koningsmoord'. Feyo Schelto van Heemstra beschreef in zijn *Roman Hagois* het leven van zijn moeder, Annie Schimmelpenninck, de echtgenote van hoffunctionaris Cornelis Schelto van Heemstra.

Zij vertelt in dit boek het volgende verhaal: 'De kroonprins van toen, dat was dus de latere koning Willem III, gaf een feest op Het Loo en liet blote meisjes dansen op de staatsietrap. Helemaal onverwacht verscheen in het geroezemoes plotseling zijn vader, de koning, boven aan de trap. De kroonprins, die aangeschoten was, trok zijn revolver en schoot hem pardoes dood. Het keukendepartement was toen nog onder de hoofdingang gesitueerd. Op het gegil en geschreeuw stormde al het personeel uit het onderhuis naar boven. De kroonprins vluchtte, de koning werd weggedragen. Met alle deuren op slot moest iedereen wachten tot in de vroege ochtend de Hofmaarschalk een toespraak hield, waarbij hij zei dat op doorvertellen de straf des doods stond.'

Toen Annie Schimmelpenninck dit gerucht op een dag verifieerde bij haar verloofde Van Heemstra, zou zij volgens haar zoon met een 'kortaangebonden stem' te horen hebben gekregen 'voilà un sujet indiscutable'. Het woord 'indiscutable' was goed gekozen, aldus de schrijver, want het kon zowel 'onbespreekbaar' als 'onweersproken' betekenen. Volgens de schrijver van het boek was Henriëtte van de Poll van 'deze geschiedenis' op de hoogte. Zijn moeder had dit volgens hem geconcludeerd uit een gesprek met haar na het diner 'in onze blauwe salon aan de Koningskade'. Zie Homme Eernstma, *Roman Hagois*, Bolsward (1998).

6 Geciteerd in Yme Kuiper, *Twee eeuwen Friese Adel*, Heerenveen (2000), p. 156.

7 In zijn testament staat dat hij zijn boedel, 'zoo gering als hij is', nalaat aan zijn tweede vrouw Clara Catharina Bonn, de moeder van Fredrik Harman van de Poll. Uit Gemeentearchief Amsterdam.

8 De banden met de Oranjes waren zeer hecht, zo blijkt uit een beschrijving door Fredrik van de Poll van een bezoek aan Anna Paulowna in 1841. 'Ik had de eer op Soestdijk bij mevrouw de koningin op zondag 27 juni 1841 het middagmaal met mijn huisvrouw te houden,' schreef hij. 'Ik bedankte HM (...) Zij gaf mij daarop ten antwoord: "Ik heb u lief, want u hebt ons vele diensten bewezen." Ook sprak zij "den wensch uit mij spoedig in Den Haag te zien".' Wat er bij het uitspreken van die woorden door Fredrik heen ging, 'laat zich gevoelen, niet beschrijven,' schreef hij. Uit Memoires Fredrik van de Poll, Gemeentearchief Amsterdam.

9 Memoires Fredrik Harman van de Poll, Gemeentearchief Zeist.

10 Het adellijke dialect is beschreven door Agnies Pauw van Wieldrecht in *Vin-je dat we een hoe op moeten?*, Amsterdam (2003).

11 De katholieke liberaal Van Lilaar (1823-1889) handelde volgens Fredrik Harman uit rancune. Omdat katholieken bij adelsverheffingen zelf altijd waren gediscrimineerd, gunde hij Fredrik Harman geen titel. Uit Memoires Fredrik Harman van de Poll, Gemeentearchief Zeist.

12 Memoires Fredrik Harman van de Poll, Gemeentearchief Zeist.

2 DE STATUSFABRIEK

1 Geciteerd in Dennis Bos, *Willem III, koning Gorilla*, Soesterberg (2002), p. 78.

2 Geciteerd in Cees Fasseur, *Wilhelmina. De jonge koningin*, Amsterdam (1998), p. 50.

3 Voor Marie van der Goes was dit een 'laatste kans-huwelijk'. Zij trouwde op haar zesendertigste met de zestigjarige weduwnaar Jacob baron van Heeckeren van Molencaten, jagermeester en kamerheer van koning Willem III. Marie Huydecoper trouwde met jonkheer Pieter Gevers Deynoot.

4 'Ik heb de eer u mijn beste wensen aan te bieden voor deze dag.'

5 Rutger-Jan graaf Schimmelpenninck van Nijenhuis was de eigenlijke 'baas' van de hofhouding. Behalve mevrouw Van Hogendorp stonden ook de dames du palais in rang boven Henriëtte, maar zij vergezelden de koningin alleen bij speciale gelegenheden. In het dagelijkse leven waren het de hofdames die de koningin in alles begeleidden. In het Huis van de koning werd die taak vervuld door de adjudanten, tien in totaal, die elkaar in de dienst op het paleis steeds afwisselden. Daarnaast had de koning onder anderen een grootmeester, zes kamerheren, twee stalmeesters, een ceremoniemeester, een hofmaarschalk, een thesaurier, een particulier secretaris, negen jagermeesters, talloze adjudanten in buitengewone dienst, een geneesheer en een architect. De dagelijkse staf bestond uit ongeveer vijftien personen: de grootmeester en grootmeesteres, de hofmaarschalk, de particulier secretaris en de thesaurier, en daarnaast de hofdames, adjudanten en stalmeesters die bij toerbeurt dienst hadden.

6 Leopold graaf van Limburg Stirum was lid van het driemanschap dat in 1813 de terugkeer van Willem V naar Nederland had voorbereid en de vestiging van een monarchie in Nederland mogelijk maakte.

7 Bij Quatre Bras hielden de prins van Oranje en de geallieerden in 1815 de opmars van het leger van Napoleon tegen, nadat deze uit Elba was ontsnapt.

8 Op 15 oktober 1880 werd mevrouw Van Hardenbroek eervol ontslagen nadat zij in april zelf om ontslag had gevraagd. Dat deed zij omdat zij niet langer op kon tegen de koning, die zich zo aan haar ergerde, dat hij haar niet meer in zijn omgeving kon verdragen. Zie René Cleverens, *Niet verder dan ons huis*, Middelburg (1994).

9 Maurits van Lennep noteerde in zijn dagboek: 'R.J. Schimmelpenninck, nota bene president van de Hoge Raad van Adel, had bewerkt dat al zijn zonen de titel van graaf ontvingen!' Geciteerd in René Cleverens, *Niet verder dan ons huis*, Middelburg (1994), p. 128.

10 René Cleverens, *Sire*, Middelburg (1987).

11 In 1888 werd De Ranitz alsnog verheven in de adelstand met het predikaat jonkheer.

12 Zij was de zuster van de vertrokken hofdame Marie van der Goes.

13 Memoires Fredrik Harman, Gemeentearchief Zeist.

14 Geciteerd in Cees Fasseur, *Wilhelmina. De jonge koningin*, Amsterdam (1998), p. 50.

15 Gijs baron van Hardenbroek was kamerheer van koningin Sophie,

lid van de Tweede Kamer en later opperkamerheer van Emma. Hij was na het overlijden van zijn eerste vrouw, Johanna Huydecoper, in 1867 getrouwd met de twaalf jaar jongere Julie gravin van Limburg Stirum, dame du palais en later grootmeesteres van koningin Emma.

3 LOTSVERBONDENHEID

1 'Het begint hier nu heelemaal op een gekkenhuis te lijken,' zeiden Henriëtte, De Ranitz en Van Capellen op 18 november 1881 tegen elkaar (Henriëtte aan haar moeder, 18 nov. 1881).

2 De roddel ging dat hij de biologische vader zou zijn van Wilhelmina. Volgens Wilhelmina's biograaf Cees Fasseur kwam dat praatje waarschijnlijk voort uit jaloezie over De Ranitz' snelle carrière aan het hof. Emma's standsbesef maakt een intieme relatie met de (nog) niet adellijke De Ranitz vrij onwaarschijnlijk. Nog afgezien van de enorme preutsheid die de levens van de negentiende-eeuwers regeerde.

3 Memoires Fredrik Harman van de Poll, Gemeentearchief Zeist.

4 DE KINDERKAMER

1 Kroonprins Alexander zou in 1884 sterven, waarmee Wilhelmina officieel troonopvolgster werd.

2 Zoals beschreven in Cees Fasseur, *Wilhelmina. De jonge koningin*, p. 61.

3 Op 3 november kreeg De Ranitz Wilhelmina eindelijk te zien, toen ze toevallig de trap af werd gedragen. Hij schreef aan zijn vrouw dat hij aan het kind niets bijzonders zag (Cees Fasseur, *Wilhelmina. De jonge koningin*, p. 64). Het decreet van de koning was uiteindelijk niet vol te houden.

6 EINDE VAN EEN FAMILIE

1 Aldus Pierre Rhoen, archivaris van de gemeente Zeist.

2 Henriëttes andere zuster Clara had voor het leven aan het hof min-

der belangstelling. Diep religieus was zij vooral actief als zendelinge.

3 Aldus Ino Wubbe, oud-medewerker van de RVD.

4 Zuster Jannetje Cornelisse (1901-1981), die alle vier de freules tot hun sterfbed zou begeleiden.

7 VERDWENEN (HOF)ADEL

1 Dienaresse.

2 Dit proces van modernisering van de hofhouding is uitvoerig beschreven door Remco Meijer in *Aan het hof. De Monarchie onder koningin Beatrix*, Bert Bakker (1988).

3 De oom van Henriëtte van de Poll, die haar in haar eerste week aan het hof waarschuwde voor het rare gedrag van de koning.

4 Henk van Os, de vroegere directeur van het Rijksmuseum.

5 Twee nazaten die niet wilden meewerken aan de interviews, R. baron Snouckaert van Schauburg en jonkheer M. van Loon, onderhouden overigens nog wel banden met de koninklijke familie. Van Loon is getrouwd met de grootmeesteres van Beatrix, Martine van Loon-Labouchere. Snouckaert van Schauburg was goed bevriend met prins Bernhard.

Register